Grimbert | Un secret

Lektüreschlüssel für Schülerinnen und Schüler

Philippe Grimbert
Un secret

Von Pia Keßler

Reclam

Dieser Lektüreschlüssel bezieht sich auf folgende Textausgabe in der Originalsprache: Philippe Grimbert: *Un secret*. Hrsg. von Wolfgang Ader. Stuttgart: Reclam, 2007. (Universal-Bibliothek. 19731.)

RECLAMS UNIVERSAL-BIBLIOTHEK Nr. 15441

Gestaltung: Cornelia Feyll, Friedrich Forssman
Gesamtherstellung: Reclam, Ditzingen. Printed in Germany 2014

ISBN 978-3-15-015441-0

Auch als E-Book erhältlich

www.reclam.de

Inhalt

1. Erstinformationen zum Werk

Es kommt gar nicht so selten vor, dass sich Kinder in einem bestimmten Alter ein Geschwisterkind, einen Hund, einen Freund, eine Freundin, neue Eltern oder Verwandte erfinden. In der Psychoanalyse nennt man das »Dissoziation«. Ebenfalls relativ häufig nehmen diese erfundenen Gefährten im Kopf der Kinder sehr reale Züge an, fangen an, für sie zu existieren. Das kann so weit gehen, dass sie ihm/ihr einen Platz im Auto neben sich freihalten, den Tisch für eine Person decken, die nur in ihrer Kinderwelt existiert. So ist es auch nicht ganz ungewöhnlich, dass der Ich-Erzähler des Romans sich einen Bruder erfindet. Zumal er Einzelkind ist, ist es verständlich, dass er gern ein Geschwister haben möchte, einen Bruder, an dem er sich messen kann, dem er Dinge erzählt, die er seinen Eltern nicht erzählen kann. Er erfindet sich einen älteren Bruder, einen, der größer, schöner und stärker ist. Außergewöhnlich ist, dass Philippe sich einen Bruder erfindet, der tatsächlich existiert hat.

Dissoziation im Kindesalter

Im Kindesalter merkt der Ich-Erzähler, dass es ein Geheimnis in seiner Familie gibt, er spürt ein Schweigen, das ihn verun-

Ungewissheit und Vorahnung

erfinden: inventer
Gefährte: le compagnon
real: réel, le
Zug: le trait
Ich-Erzähler(in): le narrateur / la narratrice à la première personne
sich messen: se comparer
Ungewissheit: une incertitude
Vorahnung: le pressentiment

sichert, ihm Angst einjagt und ihn sensibel für Beobachtungen macht. Er will das Geheimnis, das er spürt, aufdecken.

Eine Familiengeschichte

Der Erzähler präsentiert die Familiengeschichte zweimal; die erste Fassung ist seine Wunsch- und Phantasieversion, eine Version, die typisch ist für Kinder, die sich eine ideale Familie wünschen, die ihre Eltern als Helden sehen wollen und sich selbst als geliebtes Kind. Es ist die seiner Eltern, die ihn als erstes und einziges Kind nach einer Liebesheirat bekommen haben.

Er erfindet sich die Geschichte ihres Kennenlernens, ihrer Liebe, ihrer ersten Begegnungen und macht dies fest an den wenigen Fakten, die die Eltern ihm erzählen. Der Krieg spielt kaum eine Rolle in dieser Fassung. Er macht sie fest an einzelnen Fotos und ergänzt den Rest mit Hilfe seiner Phantasie.

Die Phantasieversion

Die wahre Geschichte

Die zweite Version ist die wahre Geschichte. Das Geheimnis, das auf der Familie lastet, wird entdeckt und führt den jungen Philippe zu den schrecklichen Wahrheiten des Krieges, des Holocaust, des Schicksals der Juden. Es ist die Geschichte eines einzelnen Schicksals, aber eines, das es so mehrfach gegeben haben könnte. Philippe hatte diesen Bruder tatsächlich; es war ein Halbbruder, der mit

jdm. Angst einjagen: faire peur à qn
ein Geheimnis aufdecken: dévoiler un secret
Fassung: la version
Held(in): le héros / la héroïne
lasten auf: peser sur

seiner Mutter, der ersten Frau seines Vaters, in Auschwitz ermordet worden ist. Die Kriegsgeschichte holt seine Realität ein.

Im Alter von 15 Jahren erfährt er die Wahrheit. Der Auslöser kommt von außen, eine Filmvorführung zum Holocaust macht ihm unbewusst klar, dass er sich dieser Realität nicht mehr entziehen kann. Der Ich-Erzähler erkennt, dass es für ihn wichtig ist, möglichst viel zu erfahren, und er macht genau das Gegenteil von dem, was seine Eltern gemacht haben.

Das Ende der Verdrängung

Er verdrängt nicht, er will möglichst viel wissen, er will Informationen über die Zeit, den Krieg, das Leben des Halbbruders und dessen Mutter. Er will diesem toten Bruder eine Identität geben, um sich selbst und die Familie durch die Aufarbeitung der Vergangenheit zu befreien. Vor allem gelingt ihm das durch die Psychoanalyse. Erst viel später wird er das Schweigen brechen. Er wird Psychoanalytiker und therapiert sich selbst und seine Eltern. Der Roman ist eine Autofiktion, die Grundkonstellation und der Tod in Auschwitz entsprechen der biographischen Wirklichkeit des Autors, die Geschichte einer

einholen: rattraper
Auslöser: le déclencheur (auslösen: déclencher)
unbewusst: inconscient, e (adj.); inconsciemment (adv.)
Verdrängung: le refoulement (verdrängen: refouler)
Aufarbeitung: une assimilation
Psychoanalyse: la psychanalyse (Psychoanalytiker[in]: le/la psychanalyste)
das Schweigen brechen: rompre le silence
Autofiktion: une autofiction
Grundkonstellation: la configuration de base

großen Leidenschaft, die er erzählt, entspringt eher seiner literarischen Phantasie.

Philippe Grimbert hat diesen Roman nicht geschrieben, um Schuldzuweisungen vorzunehmen, sondern zum einen, um das Geschehen schreibend zu verarbeiten, zum anderen, um ein literarisches Zeugnis abzulegen von einer Geschichte, wie sie so kein Einzelfall war und die schrecklichen Auswirkungen des Krieges verdeutlicht. Dem Psychoanalytiker Grimbert geht es darum, deutlich zu machen, wie sich Verdrängung und Verschweigen physisch und psychisch auswirken, und zu zeigen, wie sich die Wahrheit Bahn bricht und wie die Kenntnis der Wahrheit schlussendlich auch zu ihrer Verarbeitung führen kann. Grimbert zeigt auch, dass dies manchmal erst in der nächsten Generation passiert. Der letzte Satz des Romans fasst seine Motivation zusammen: »Ce livre serait sa tombe.«

Das Schreibmotiv

Leidenschaft: la passion
entspringen: naître de
Schuldzuweisungen vornehmen: accuser qn
Zeugnis ablegen: témoigner
Einzelfall: le cas isolé
Auswirkung: la répercussion
sich Bahn brechen: faire son chemin

2. Inhalt

Kapitel I

Philippe wünscht sich während seiner Kindheit immer einen Bruder, und da er Einzelkind ist, erfindet er sich diesen Gefährten. Eines Tages findet er auf dem Speicher einen Plüschhund, den er Sim nennt, und ist erstaunt über die sehr emotionale Reaktion seiner Mutter, die nicht will, dass er ihn mitnimmt, was ihn wiederum glauben lässt, dass dieser Plüschhund ihm Aufschluss geben kann über ein Geheimnis, das auf seiner Vergangenheit lastet.

Sim

Er versucht, die Puzzleteile zusammenzusetzen, erzählt von seiner christlichen Taufe trotz der an ein jüdisches Ritual erinnernden Beschneidung, von der veränderten Orthographie des Familiennamens (Grimbert statt Grinberg).

Herkunft

Philippes Eltern sind extrem sportlich, wohingegen er eher schwach und kränklich ist. Sie betreiben ein Sportartikelgeschäft in der rue du Bourg-l'Abbé in Paris in direkter Nachbarschaft zur Physiotherapiepraxis von Made-

Körperliche Konstitution

Einzelkind: le fils unique / la fille unique
Plüschhund: le chien en peluche
über etwas Aufschluss geben: donner des éclaircissements (m. pl.) sur qc
Taufe: le baptême
Ritual: le rituel
Beschneidung: la circoncision
Orthographie: l'orthographe (f.)
kränklich: maladif, -ive; chétif, -ive
Physiotherapiepraxis: le cabinet de physiothérapie

moiselle Louise, einer praktisch zur Familie gehörenden Frau, die nicht zuletzt wegen ihrer eigenen körperlichen Defizite zu Philippes engster Vertrauter wird.

Kapitel II

Philippe konstruiert aus Versatzstücken von Erzählungen seiner Eltern, Tania und Maxime, die Vergangenheit und spürt doch immer, dass auf dieser ein Schweigen lastet, ein Schatten, den er sich nicht erklären kann. Maxime, hervorragender Sportler und Frauenheld, verliebt sich in die wunderschöne, sportliche Tania, die mit ihrer Mutter allein lebt und als Modezeichnerin tätig ist. Philippe stellt sich ihre Treffen vor – im Schwimmbad, auf dem Tennisplatz, ihre Hochzeit in Zeiten des Krieges.

Maxime, Tania und Philippe

Philippe bemerkt die besondere Bedeutung, die der kleine Ort Saint-Gaultier für die Eltern hat, wo diese während der Besatzungszeit zwei Jahre verbracht haben – zwei Jahre, in denen sie verschont blieben von den Kriegswirren. Kurz nach ihrer Rückkehr nach Paris ins noch intakte Geschäft in der rue du Bourg-l'Abbé wird Philippe geboren, ein schwacher, kränklicher Junge, bei dessen Anblick Maxime vom ersten Moment an eine Art Bitterkeit empfindet.

Schatten der Vergangenheit

Vertraute(r): le confident / la confidente
Versatzstück: élément/détail dispersé
besondere Bedeutung: la signification particulière
Kriegswirren: les troubles (m. pl.) de la guerre
Bitterkeit: une amertume

Kapitel III

Von Anfang an hat Philippe ein Ziel: Er will die Aufmerksamkeit seiner Eltern erregen. Er ist ein Musterkind, ein Musterschüler, der im Kreise seiner Familie aufwächst: Außer seinen Eltern sind dies der Großvater Joseph (Maximes Vater), die Großmutter Martha (Tanias Mutter), die Onkel Georges und Marcel, Maximes Brüder, deren Frauen Esther und Élise. Seine engste Vertraute ist Louise, die Nachbarin. Louise erzählt ihm vom Krieg, von dem seine Eltern nie reden. Philippe bemerkt, dass der Vater mit verstärkten Anstrengungen in seinem Sportraum trainiert, weil er sich eine Fernsehübertragung über die Kriegsperiode nicht ansehen will, in der Philippe zum ersten Mal Bilder von der Judenverfolgung sieht.

Musterkind

Eines Tages sieht Philippe in der Schule eine Dokumentation über den Holocaust, und als ein Mitschüler sich über die ausgemergelten Leichen lustig macht, überfällt Philippe eine unbekannte Wut, er stürzt sich auf den Mitschüler und verprügelt ihn. Als er Louise davon erzählt, bemerkt diese, dass sie nicht mehr schweigen kann.

Holocaust

»Le lendemain de mes quinze ans, j'apprenais enfin ce que j'avais toujours su« (70,1f.). Er lernt die Geschichte

Musterkind: un enfant modèle
Fernsehübertragung: la retransmission télévisée
Judenverfolgung: la persécution des juifs
Leiche: le cadavre
jdn. verprügeln: rouer qn de coups (m. pl.)

Simon und Hannah

seines Halbbruders kennen. Er erfährt, dass es ihn gegeben hat, und er hört erstmals seinen Namen: Simon.

Kapitel IV

Das vierte Kapitel ist das längste. Stück für Stück erfährt Philippe von Louise die wahre Geschichte seiner Herkunft. Maxime, sein Vater, war schon einmal verheiratet, und zwar mit Hannah. Da Hannah, wie Maxime, aus einer jüdischen Familie stammte, hatten die beiden eine große Hochzeit nach jüdischem Ritual gefeiert.

Die wahre Geschichte

Bei der Hochzeit lernt Maxime Tania, Hannahs Schwägerin, die mit ihrem Mann Robert, Hannahs Bruder, kommt, kennen und ist fasziniert von ihr. Bereits in diesem Moment meldet sich sein Eroberungsgeist wieder, den er mit der Hochzeit mit Hannah eigentlich überwunden glaubte. Er bewundert Tanias Schönheit, fühlt ein starkes Begehren bei ihrem Anblick. Außerdem ist er fasziniert davon, dass sie die gleiche Leidenschaft für den Sport hat wie er.

Liebe auf den ersten Blick

Aus der Verbindung Maxime – Hannah geht ein Kind hervor: Simon, der kleine sportliche Junge, Stolz seines Vaters.

Maxime kann es kaum erwarten, ihn zu seinen sportlichen Unternehmungen mitzunehmen, bringt ihm das

Halbbruder: le demi-frère
Ritual: le rituel
Eroberung: la conquête (erobern: conquérir)
Begehren: le désir

Schwimmen bei und zeigt ihm Übungen im Gymnastikraum. Eines Tages, als Simon im Kreise seiner Familie bei einem Sonntagsausflug ins Schwimmbad sein sportliches Können vorführt, bemerkt Hannah, dass Maxime den Blick nicht von Tania wenden kann. Das verletzt und verunsichert sie.

Simon, der kleine Sportler

Als der Krieg naht und Maximes Vater Joseph aufmerksam die Geschehnisse in Deutschland verfolgt, leugnet Maxime die Gefahr für die Juden und fühlt sich in Frankreich sicher. Er weigert sich lange Zeit, den Judenstern zu tragen, treibt mehr und mehr Sport und hört nicht auf seine Familie.

Zweiter Weltkrieg

Er fühlt sich nicht als »Jude«, wird jedoch eines Tages, als er mit seinem Sohn wie gewohnt in der Alsacienne schwimmen gehen will, des Bades verwiesen. Jetzt kann er nicht mehr wegsehen. Robert muss an die Ostfront und Tania kehrt zu ihrer Mutter nach Paris zurück.

»Für Juden verboten«

Schon bald werden die Diskussionen um eine Möglichkeit, in den »freien« Teil Frankreichs zu gelangen, mit verstärkter Anstrengung geführt. Joseph beschließt, in

Gymnastikraum: le gymnase
den Blick (ab)wenden: détourner le regard
verletzen: blesser
verunsichern: inquiéter
leugnen: nier
Judenstern: l'étoile (f.) jaune
jdn. verweisen: renvoyer qn
Ostfront: le front de l'Est

Paris zu bleiben, und obwohl Maxime sich zunächst weigert wegzugehen, entscheiden sie sich für die Flucht. Sie kontaktieren einen Fluchthelfer, der ihnen falsche Papiere besorgt und ihnen hilft, nach Saint-Gaultier zu gelangen, einem kleinen, idyllischen Ort im Département Indre am Ufer der Creuse, wo sie im Hause eines alten Oberst und dessen Tochter Unterschlupf finden können. Georges und Maxime sollen zuerst reisen, Esther, Hannah, Louise und Simon nachkommen.

Saint-Gaultier

Hannah erhält Briefe von Maxime aus Saint-Gaultier und ist zutiefst schockiert, als sie in einem Brief erfährt, dass Tania, von der sie spürt, dass sie Maximes Herz erobert hat, bereits nach Saint-Gaultier gereist ist. Das stürzt sie in eine tiefe Depression. Bereits vor der Flucht, die sie nicht wirklich betreibt, wirkt sie abwesend und will im letzten Moment aussteigen. Luise und Esther machen ihr ihre Lage und ihre Verantwortung klar und drängen sie zum Mitkommen. Bei einer Passkontrolle zeigt sie den falschen (jüdischen) Pass und wird mit ihrem Sohn festgenommen und abgeführt. Beide kommen in Auschwitz ums Leben. Als Louise und Esther in Saint-Gaultier ankommen, erzählt Louise Maxime die schreckliche Nachricht, sagt ihm aber

Der Brief

Flucht: la fuite
Fluchthelfer(in): le passeur / la passeuse
Unterschlupf: le refuge
Depression: la dépression nerveuse
abwesend: absent, e
jdn. festnehmen: arrêter qn
jdn. abführen: emmener qn

nicht, dass Hannah absichtlich den falschen Pass gezeigt hat, sondern spricht von einer Unachtsamkeit.

Fataler Irrtum?

Das Leben in Saint-Gaultier ist geprägt von der Angst um Simon und Hannah, von der Ungewissheit und dem Halbwissen über die Lager. Trotz Hoffen und Bangen gibt es immer wieder Begegnungen zwischen Maxime und Tania, deren Anziehungskraft aufeinander nicht kleiner geworden ist. Ihre Blicke werden bemerkt und kritisch beobachtet von Thérèse, der Tochter des alten Oberst, bei dem sie unterkommen, und Esther.

Ungewissheit und Angst

Das Unvermeidliche nimmt seinen Lauf. Als Maxime sie eines Tages in die Creuse springen sieht, ist er so berührt von ihrer Schönheit einerseits und seinem Schmerz andererseits, dass er, ohne sich zurückzuhalten, vor ihr weint. Tania tröstet ihn und lässt ihn einfach weinen. Maxime weiß von diesem Moment an, dass er nicht mehr widerstehen kann. Er und Tania kommen zusammen, was unter den gegebenen Umständen in Saint-Gaultier einem ewigen Versteckspiel gleichkommt.

Tania und Maxime

Unachtsamkeit: une imprudence
Ungewissheit: une incertitude
Halbwissen: le semblant de savoir
Anziehungskraft: une attraction, un attrait
unvermeidlich: inévitable
Schmerz: la douleur
sich zurückhalten: se contenir, se retenir
jdn. trösten: consoler qn
widerstehen: résister
Versteckspiel: le jeu de cache-cache

Wie so viele jüdische Familien warten auch die Grinbergs auf die Rückkehr ihrer Lieben. Sie erfahren, dass Robert im Kriegsgefangenenlager an Typhus gestorben ist. Maxime hofft, seine Frau und seinen Sohn wiederzusehen, geht mehrmals ins Hôtel Lutetia, wo die Rückkehrer aus den Konzentrationslagern aufgenommen werden, und geht niedergeschlagen ohne Nachricht von Hannah und Simon wieder nach Hause.

Hoffen und Bangen

Monate vergehen, bis Tania und Maxime beschließen zu heiraten, gibt es doch keine Hoffnung mehr auf Rückkehr. Aus dieser Verbindung geht dann Philippe hervor, das Kind, das der Vater nie wirklich akzeptieren konnte und das er immer unbewusst mit Simon verglichen hat. Philippe ist in allem das Gegenteil seines Halbbruders und muss sein Leben lang um die Anerkennung seines Vaters kämpfen. Die Geschichte seiner Herkunft und der Vergangenheit seiner Eltern stellt sich als Hirngespinst seiner kindlichen Phantasie heraus, die Familienidylle in der rue du Bourg-l'Abbé mit dem Sportgeschäft der Eltern und Echo, dem Hund, nur als Verklärung einer schrecklichen Wahrheit.

Philippe und Simon

Maxime distanziert sich weiter von seiner jüdischen Herkunft und lässt Philippe christlich taufen, was zum

Kriegsgefangenenlager: camp de prisonniers (m. pl.) de guerre (f.); le stalag (allemand: Stammlager)
niedergeschlagen: abattu, e
Anerkennung: une acceptation

Taufe und Namensänderung

Bruch mit der jüdischen Familie führt. Er ändert außerdem den Namen Grinberg in Grimbert. Die Eltern haben nie mit ihrem Sohn über die wahre Geschichte gesprochen, die Namen Hannah und Simon wurden nicht erwähnt. Philippe hört sie erstmals von Louise. Maxime, der nach der Befreiung mit vielen anderen versucht hat, Aufschluss über das Los seiner Frau und seines Sohnes zu erhalten, forscht später nicht mehr nach.

Kapitel V

Die Listen der Klarsfelds

Nach und nach gelingt es Philippe, sich von seinen Eltern zu lösen und sich selbst zu akzeptieren. Er ist schließlich derjenige, der in den Listen von Serge und Beate Klarsfeld die Namen seines Halbbruders und dessen Mutter ausfindig macht. Er erfährt, dass sie gleich nach Ankunft im KZ umgebracht wurden, und beschließt – erst viel später –, es seinem Vater zu erzählen.

Epilog

Der Hundefriedhof

Im Epilog beschreibt Philippe, wie er dazu kam, die Geschichte zu erzählen: Eines Tages stößt er beim Spaziergang mit seiner

Bruch: la rupture
erwähnen: mentionner
Los: le sort
nachforschen: faire des recherches
auf etwas stoßen: tomber sur qc

Tochter auf einen Hundefriedhof, den die Tochter des Vichy-Politikers Laval errichtet hat. Er empfindet es als so absurd, dass Hunde einen Grabstein haben, dass er beschließt, die Geschichte aufzuschreiben, um Simon ein »Grab« zu geben: »Ce livre serait sa tombe«.

Friedhof: le cimetière
Grabstein: la pierre tombale; le tombeau

3. Personen

Philippe

Der Ich-Erzähler Philippe ist ein circa 30jähriger Mann, der aus der Retrospektive die Geschichte seiner Eltern während der Zeit des Zweiten Weltkriegs in Frankreich erzählt.

Autofiktion

In Philippe steckt viel Autobiographisches des Autors Philippe Grimbert, der allerdings diese Geschichte als Autofiktion schreibt, das heißt, er lässt sie seinen Protagonisten so rekonstruieren, wie dieser sie von seiner Nachbarin und Krankengymnastin Louise im Alter von 15 Jahren scheibchenweise erfährt. Was er nicht weiß, erfindet er hinzu, erschließt es aus Andeutungen und verändert so seinen »improbable récit« (33,7). Philippe ist Einzelkind, von Anfang an schwächlich, klein, schmal und unsportlich. Er liest sehr gern und schreibt seine Gedanken auf.

Der erfundene Bruder

Er träumt – wie viele Kinder – davon, einen großen, starken und sportlichen Bruder zu haben, und der Wunsch nach diesem Geschwisterkind geht so weit, dass er es bisweilen als real existierend empfindet. Als Kind schläft er schlecht, hat Angst vor der Dunkelheit und dem Alleinsein.

Retrospektive: la rétrospective
scheibchenweise (nach und nach): au compte-gouttes
Andeutung: une allusion
Dunkelheit: une obscurité
Alleinsein: la solitude

Ein Schlüsselerlebnis in seiner Kindheit ist die Entdeckung eines kleinen Plüschhundes, den er im Wirtschaftsraum in einem alten Koffer entdeckt. Aus der Reaktion seiner Mutter schließt er, dass es mit diesem Hund eine besondere Bewandtnis haben muss, und ihn beschleicht das Gefühl, dass seine Eltern ihm etwas verschweigen. Philippe ist sehr sensibel und spürt, dass vor allem sein Vater ihn immer mit einer gewissen Bitterkeit betrachtet. Philippe wächst in Paris auf, wo seine Eltern ein Sportartikelgeschäft führen.

Der Plüschhund

Er bewundert seine schöne Mutter, ringt um die Anerkennung seines Vaters, die dieser ihm jedoch vor allem wegen seiner mangelnden sportlichen Fähigkeiten verweigert. Als kleiner Junge verbringt Philippe viel Zeit mit seinen Eltern im Schwimmbad, ohne selbst Spaß am Wasser zu haben. Er ist eher Zuschauer und Bewunderer seiner Mutter, hat eine Beobachterposition inne.

Suche nach Anerkennung

Philippe spürt während seiner gesamten Kindheit, dass es irgendein Geheimnis gibt, das die Familie belastet. Er kann sich seine

Ein Geheimnis?

Schlüsselerlebnis: une expérience-clé
Wirtschaftsraum: la chambre de service
etwas aus etwas schließen: conclure qc de qc
mit jdm./etwas hat es eine besondere Bewandtnis: qn/qc est un cas particulier
beschleichen: envahir
Anerkennung: la reconnaissance, une approbation, une acceptation
jdm. etwas verweigern: refuser qc à qn
Beobachter(in): un observateur / une observatrice
jdn. belasten: préoccuper qn

bösen Träume, seine Angst vor dem Alleinsein und der Dunkelheit nicht erklären. Auch in der Schule ist er eher zurückhaltend und still. Umso verwunderlicher für ihn und sein Umfeld ist sein plötzlicher Wutausbruch gegen einen Mitschüler, den er, 15jährig, beim gemeinsamen Ansehen eines Holocaust-Films nach dessen verächtlicher Bemerkung gegen Juden verprügelt. Danach erfährt er von Louise die Wahrheit über seine Familiengeschichte. Bezeichnend für ihn ist, dass er seinen Eltern nichts davon erzählt, immer wieder schweigend Louises Erzählungen lauscht und seine Sicht der Dinge revidiert.

Therapie durch Wahrheit

Sofort bemerkt er die therapeutische Wirkung, die die Kenntnis der wahren Geschichte für ihn hat. Er schläft ruhiger und beginnt sich von seinen Eltern zu lösen. Auch seine körperliche Verfassung verändert sich. Im doppelten Sinne trägt Louise zu dieser Entwicklung bei: Sowohl ihre physiotherapeutische Behandlung als auch ihr Bericht über die wahre Lebensgeschichte der Grimberts lassen Philippe wachsen (»Je m'étoffais, mes creux se comblaient«, 149,18). Philippe fällt durch das Abitur, weil er in der mündlichen Prüfung über Laval den Erwartungen des

zurückhaltend: réservé, e
verwunderlich: surprenant, e
Umfeld: un entourage
Wutausbruch: un accès de fureur
verächtlich: méprisant, e
revidieren: réviser, revenir sur
sich von jdm. lösen: se libérer de l'influence de qn
körperliche Verfassung: un état physique, la condition physique
durch das Abitur fallen: échouer au bac

Lehrers, eines Anhängers des Vichy-Regimes, nicht genügt, und muss die Abschlussklasse wiederholen. Auch hier wird er also von der Vergangenheit eingeholt. Im Gegensatz zu Maxime spürt Philippe, dass er sich nur vollständig befreien kann, wenn er Gewissheit über das Schicksal von Simon und Hannah erlangt, wenn er konkrete Daten und Fakten weiß.

Daten und Fakten

Er forscht deshalb in den Dokumentationen von Serge und Beate Klarsfeld nach und erfährt, dass sein Halbbruder und dessen Mutter in Auschwitz umgebracht wurden. Nach dem Abitur beschließt Philippe, sich der Psychoanalyse zu widmen, und merkt schnell, dass sein erster »Patient« sein Vater sein wird, der, als sein Hund überfahren wird, völlig zusammenbricht.

Philippe beschließt, dieses Ereignis und die Schuldgefühle, die sein Vater empfindet, zum Anlass zu nehmen,

Die Aufklärung

ihn über das Schicksal von Hannah und Simon aufzuklären, ihm zu sagen, dass er informiert ist. Er befreit sowohl sich selbst als auch seinen Vater, indem er diesem klarmacht, dass die Schuld nicht bei ihm, sondern bei den Nazis lag. Er klärt auch seine Mutter darüber auf, und nach diesem

die Abschlussklasse wiederholen: redoubler la terminale
jdn. einholen: rattraper qn
Gewissheit: la certitude
sich einer Sache widmen: se vouer à une chose
Patient(in): le patient / la patiente
jdn./etwas überfahren: écraser qn/qc
Schuldgefühl: le sentiment de culpabilité (f.)
jdn. über etwas aufklären: expliquer qc à qn, informer qn sur qc

entscheidenden Ereignis gibt es zum ersten Mal eine wirkliche Annäherung zwischen Vater und Sohn (»[...] il m'a arrêté, d'une pression légère de sa main sur mon épaule. Je l'ai serré dans mes bras, ce que de ma vie je n'avais encore jamais fait«, 161,15 f.).

Im Epilog erfährt der Leser den Schreibanlass des Autors. Hier ist der Erzähler Philippe Grimbert der Autor Philippe Grimbert. Der Erzähler entdeckt mit Anfang 30 den Hundefriedhof von Lavals Tochter und beschließt, seinem toten Halbbruder mit dem Buch seine Geschichte zu geben. Der Autor Philippe Grimbert tut dies erst über 50jährig nach dem Tod seiner Eltern.

Autobiographie

Maxime

Maxime ist das jüngste Kind von Joseph und Caroline Grinberg, jüdische Strickwarenhändler rumänischer Abstammung.

Bereits als junger Mann empfindet er dies als Belastung und möchte am liebsten seine Herkunft und seine Religion verleugnen, einen Titel haben, der ihn die Bescheidenheit seiner Verhältnisse vergessen lässt.

Herkunft als Belastung

entscheidend: décisif, -ive
Annäherung: le rapprochement
Schreibanlass: le motif / la raison d'écrire
Strickwarenhändler(in): le bonnetier / la bonnetière
rumänischer Abstammung: d'origine roumaine
Belastung: le poids, le fardeau
Bescheidenheit: la modestie
Verhältnisse: les conditions (f. pl.) (de vie)

Die Umstände allerdings machen ein Studium unmöglich. Maxime verliert seine Mutter im frühen Kindesalter.

Der Sportler

Er tut sich vor allem im Sport hervor. Er ist extrem körperbetont, verbringt viel Zeit in seinem Gymnastikraum, auf dem Tennisplatz und im Ring. Er glaubt, mit einem perfekten Körper von seiner Herkunft abzulenken. Als junger Mann kauft er sich ein Cabriolet, mit dem er in seinem geliebten Paris umherfährt, immer auf der Suche nach einer schnellen Eroberung: Maxime liebt die Frauen und die Verführung. Mit der Beschreibung von Maxime wendet sich Grimbert gegen das traditionelle Bild des intellektuellen Juden in der Literatur. Das Ideal des perfekten und durchtrainierten Körpers ähnelt dem der Nazis.

Maxime und Hannah

Maxime ist 30, als er beschließt, das lockere Junggesellenleben zu beenden und Hannah, eine hübsche junge Frau, ebenfalls aus einer jüdischen Familie, zu heiraten. Es wird betont, dass auch die Tatsache, dass Hannahs Familie wohlhabend ist, für Maximes Entscheidung eine Rolle spielt (85,11–13). Außerdem entwickelt er zum ersten

sich hervortun: se distinguer
(Box-)Ring: le ring
Eroberung: la conquête
Verführung: la séduction
durchtrainiert: musclé, e
ähneln: ressembler
locker: léger, -ère
Junggeselle: le célibataire
etwas betonen: insister sur qc, mettre l'accent (m.) sur qc
wohlhabend: fortuné, e; aisé, e

Mal das Bedürfnis, Vater zu werden. Bereits bei der Hochzeit spürt er, dass er seinen Vorsatz, einer einzigen Frau treu zu sein, nicht halten kann.

Die Versuchung

Er sieht Tania, seine Schwägerin, und ist ihr vom ersten Moment an verfallen. Bereits kurz nach der Hochzeit wird Hannah schwanger, und als sie Simon zur Welt bringt, ist Maxime von Anfang an stolz auf seinen Sohn. Er kann es kaum erwarten, ihm die Welt, das heißt vor allem Paris, zu zeigen und ihm das beizubringen, was ihm wichtig ist, in seinem Falle also sportliche Betätigungen. Als die Bedrohung durch das Dritte Reich beginnt, will Maxime dies nicht wahrhaben. Er weigert sich, den Judenstern zu tragen, und streitet mit seinem Vater und dem Rest der jüdischen Familie, die die Notwendigkeit erkannt hat, auf die Bedrohung reagieren zu müssen. Er wähnt sich in Sicherheit in Frankreich, für ihn das Land der Freiheit. Erst als man ihm den Eintritt ins Schwimmbad verweigert, beginnt er zu verstehen. In Saint-Gaultier bemüht sich Maxime, seiner Frau und seinem Sohn ein vorläufiges Zuhause einzurichten, er arbeitet viel und findet sich mit den Gegebenheiten ab.

Vorsatz: la (bonne) résolution
treu: fidèle
Schwager/Schwägerin: le beau-frère / la belle-sœur
schwanger werden: tomber enceinte
stolz sein auf: être fier, -ère de
sich weigern, etwas zu tun: refuser de faire qc
vorläufig: provisoire
sich abfinden mit: s'arranger avec

Die Schreckensnachricht

Die Schreckensnachricht vom Abtransport seines Sohnes und seiner Frau trifft ihn hart und er klammert sich an die Hoffnung, sie nach dem Krieg wiederzusehen. Auch hierbei vermittelt er den Eindruck, das Ausmaß der Tragödie nicht verstanden zu haben. Eines Tages lässt er sich in seinem Kummer über den Verlust von Hannah und Simon von Tania trösten. Verführbar und schwach den Frauen gegenüber, wie er ist, kann er Tania nicht widerstehen und beginnt eine Liebesbeziehung mit ihr bereits in Saint-Gaultier.

Nach dem Krieg und seiner Hochzeit mit Tania spricht er nie mehr über die Vergangenheit. Er verschweigt seinem Sohn alles und hat mit Tania und Louise eine Art »Komplizenschaft des Verschweigens«. Er versucht, das Geschehene ungeschehen zu machen, indem er nicht darüber spricht und sich mehr und mehr in seine sportlichen Betätigungen hineinsteigert.

Grimbert statt Grinberg

Er beschließt sogar, seinen Namen offiziell zu französisieren, um damit seine jüdische Herkunft zu verheimlichen. Seinem Sohn Philippe kann er keine Liebe entgegenbringen. Weil dieser in allem das Gegenteil von Simon ist, genügt er seinen Anforderungen, vor allem hinsichtlich der

Schreckensnachricht: la terrible nouvelle
sich klammern an: s'accrocher à
Ausmaß: les dimensions (f. pl.); une étendue
etwas verschweigen: taire qc, cacher qc (à qn)
Komplizenschaft: la complicité
entgegenbringen: faire preuve de
den Anforderungen genügen: satisfaire aux exigences (f. pl.)

Sportlichkeit, nicht. Maxime hat große Probleme mit dem Altern. Er mauert sich in sein Schweigen und seine nicht eingestandenen Schuldgefühle ein und alles kommt zum Ausbruch beim Tod seines Hundes, für den er sich verantwortlich fühlt. Er bricht völlig zusammen.

Erst als Philippe ihm versichert, dass er »nur« am Tod des Hundes, nicht aber am Tod von Hannah und Simon schuldig ist, erst als Philippe ihm zu verstehen gibt, dass er Bescheid weiß und Todesdatum und -ort in den Listen der Klarsfelds gefunden hat, erst als das Geheimnis gelüftet ist, kann er eine Annäherung an seinen Sohn wagen.

Die Annäherung

Tania

Tania ist eine sehr schöne und sehr sportliche Frau, die vor allem auf dem Sprungturm im Schwimmbad brilliert. Sie ist schlank, groß, hat lange schwarze Haare und ein strahlendes Lächeln. Sie ist Modezeichnerin und Model für

Die Schöne

Sportlichkeit: la condition sportive
sich einmauern: se murer
eingestehen: admettre
zum Ausbruch kommen: éclater; se déchaîner
zusammenbrechen: s'écrouler
ein Geheimnis lüften: dévoiler un secret
Sprungturm: le plongeoir
schlank: mince
strahlend: radieux, -euse
Modezeichner(in): le dessinateur / la dessinatrice de mode
Model: le modèle

verschiedene Modeschöpfer, lebt neben dem Schneider-Atelier ihrer Mutter Martha mit dieser allein in einer 3-Zimmer-Wohnung in Paris am Montmartre. Martha kommt aus Litauen, der Vater, ein arbeitsloser Geiger, verlässt sie, als Tania noch ein Kind ist. Tania erinnert sich nur an seine Bemühungen, ihr Geigenunterricht zu geben, was sie nicht besonders schätzte.

Hochzeit mit Robert

Tania heiratet Robert, lebt mit ihm in Lyon, gelegentlich verbringen sie mit den Verwandten zusammen ein Wochenende. Tania ist in Lyon nicht glücklich, geht nur mit Robert hin, um dem Einfluss seiner Familie zu entkommen. In ihrer Beziehung zu Robert dominiert sie, Robert hat ein eher kindliches Gemüt, bezaubert aber gerade durch diese unbekümmerte Art. Bei Hannahs Hochzeit lernt Tania Maxime kennen, der sich offensichtlich von ihr sehr stark angezogen fühlt.

Anziehung

Auch sie hat das erste Zusammentreffen mit Maxime nicht unberührt gelassen. Tania unterdrückt ihr Verlangen nach dem Mann ihrer Schwägerin und stürzt sich in die Schnei-

Modeschöpfer(in): le créateur / la créatrice de mode
Schneider-Atelier: un atelier de couture
Geiger(in): un/une violoniste
gelegentlich: de temps en temps
entkommen: échapper à
Gemüt: hier: le caractère
unbekümmert: unsouciant, e
anziehen: attirer
unberührt: indifférent, e
unterdrücken: supprimer

derei. Als Robert in den Krieg muss, zieht sie wieder zu ihrer Mutter zurück nach Paris und intensiviert die Beziehung zur Familie ihres Mannes. Sie entscheidet sich, nicht allein in Lyon zu bleiben, und entschließt sich auch dazu, mit der Familie nach Saint-Gaultier zu gehen – nicht zuletzt wegen Maxime.

Auch sie kann in Saint-Gaultier dem lange unterdrückten Begehren nicht widerstehen, und sie ist es dann auch, die den ersten Schritt auf ihn zu macht.

Heimliche Liebe

Mit ihrer heimlichen Beziehung brüskieren Tania und Maxime die restliche Familie und die Tochter des Generals, bei dem sie wohnen. Nach ihrer Rückkehr nach Paris erfährt Tania von Roberts Tod, der sie kaum noch betrübt. Sie und Maxime heiraten nach langem vergeblichem Warten und Suchen nach Hannah und Simon. Tania, die von Robert nicht schwanger wurde, bringt Philippe zur Welt, über dessen Geburt sie sich sehr freut. Im Gegensatz zu Maxime ist sie glücklich über ihren Sohn.

Gemeinsame Vorliebe

Tania führt mit Maxime ein Sportartikelgeschäft und treibt weiterhin viel Sport. Sie nimmt Philippe immer mit ins Schwimmbad und wird von allen wegen ihrer Sprünge vom Sprungturm bewundert. Tania lebt mit Maxime ihre große Liebe, wird aber, wie er, immer wieder von

intensivieren: intensifier
nicht zuletzt: notamment
brüskieren: brusquer
jdn. betrüben: faire de la peine à qn
Geburt: la naissance

den Schatten der Vergangenheit heimgesucht. Auch sie bewahrt Schweigen über die Zeit des Zweiten Weltkriegs und erzählt ihrem Sohn auch dann nichts, als er im Wirtschaftsraum den Plüschhund entdeckt, den Tania einst dem kleinen Simon geschenkt hatte. Als Philippe ca. 30 Jahre alt ist, erleidet Tania eine Hirnblutung, in deren Folge sie nicht mehr laufen und sprechen kann.

Gemeinsamer Selbstmord

Weder sie noch Maxime können dies verkraften, und man darf annehmen, dass sie in irgendeiner Weise gemeinsam die Entscheidung getroffen haben, ihrem Leben ein Ende zu setzen. Letztendlich ist es Maxime, der entscheidet und Tania dabei hilft.

Louise

Familienmitglied

Louise ist die einzige Person, die die Geschichte von Anfang an miterlebt, die alle beteiligten Personen kennt und die den Erzähler über alles aufklärt. Louise hat ihre Krankengymnastikpraxis im gleichen Haus wie die Grimberts in der rue du Bourg-l'Abbé und gehört sozusagen zur Familie. Sie ist schon in diesem Haus geboren und aufgewachsen und versorgt dort auch nach dem Tod ihres Vaters ihre alte und kranke Mutter. Sie kümmert sich um Philippe, gibt ihm regelmäßig Spritzen und massiert ihn.

Hirnblutung: une hémorragie cérébrale
verkraften: supporter
annehmen: supposer
letztendlich: en fin de compte
beteiligt: concerné, e

Louise ist über 60 Jahre alt und hat nach Angaben des Erzählers ein von Alkohol und Zigaretten gezeichnetes Gesicht. Sie hat eine körperliche Behinderung, einen Klumpfuß, und außerdem rheumatische Beschwerden. Die Vertrautheit, die Philippe zu ihr empfindet, ist wohl auch auf diese Gemeinsamkeit der körperlichen Gebrechen zurückzuführen. Wie Philippe hasst sie ihren Körper: »[...] elle détestait son apparence« (28,5). Sie erzählt ihm auch von ihrer Kindheit und ihrer Außenseiterposition in der Klasse, in der sich Philippe wiedererkennt.

Körperliche Gebrechen

Sie behandelt ihn nicht nur, sie verwöhnt ihn auch mit heißer Schokolade und vermittelt ihm ein Gefühl von Geborgenheit. Sie erzählt auch von den Kriegsjahren, will, dass Philippe informiert ist. Sie respektiert das Familiengeheimnis und das Schweigen darüber, das ihr von Tania und Maxime auferlegt wird, bis Philippe eines Tages von dem Vorfall bei der Holocaust-Filmvorführung in der Schule erzählt. Nun merkt sie, dass der Zeitpunkt gekommen ist, Philippe einzuweihen und ihm das wohlgehütete Geheimnis seiner Eltern, das so eng mit der grausamen Geschichte des Dritten Reiches verstrickt ist, zu erzählen. Nun erhal-

gezeichnet: marqué, e
Klumpfuß: le pied bot
rheumatische Beschwerden: les douleurs (f. pl.) de rhumatisme (m.)
Vertrautheit: la familiarité
Gebrechen: la déficience
Außenseiter(in): le marginal / la marginale
jdn. verwöhnen: gâter qn
hüten: garder
verstrickt sein in: être impliqué, e à; être lié, e à

ten ihre Erzählungen eine sehr persönliche Note, sie spricht nicht mehr über die namenlose Menge, sondern über konkrete Personen, über das Leid der Juden und die Grausamkeit der Nazis, über Menschen, die kollaboriert haben, über Antisemiten in der unmittelbaren Umgebung. Bis auf ein Detail (die Erklärung für Hannahs Handeln auf der Flucht) enthüllt sie Philippe die ganze Wahrheit über das Geheimnis der Eltern. Nach dem Tod von Tania und Maxime ist es Louise, die mit Esther zusammen Philippe zum Friedhof begleitet. Louise hat ihre Loyalität zur Familie nie aufgegeben.

Die Vertraute

Hannah

Von Hannah erfahren wir nur, dass sie aus einer wohlhabenden jüdischen Familie ist, dass sie, als Maxime sie heiratet, sehr jung ist und dass ihr Bruder Robert mit Tania verheiratet ist. Ihre Eltern bestehen auf einer traditionellen Hochzeit nach jüdischem Ritual.

Die große Liebe

Für Hannah ist Maxime der Mann ihres Lebens, sie liebt ihn und ist erfüllt von ihrer Liebe. Das ist es, was den Erzähler beim Be-

persönliche Note: la touche personnelle
Antisemit(in): un/une antisémite
Umgebung: un entourage
bis auf ein Detail: à un détail près
Loyalität: la loyauté
etwas aufgeben: abandonner qc
auf etwas bestehen: insister sur qc

trachten alter Fotos frappiert: ihr frischer und offener Blick, der mit bedingungsloser Liebe auf Maxime ruht (117,20). Diese Liebe ist auch der Grund, warum sie bereits sehr früh merkt, dass Maxime Tania bewundert und dass diese eine Bedrohung für ihre Beziehung werden könnte. Als ihre Eltern bei der großen Razzia abgeführt werden, ist sie völlig verzweifelt, allein und sehnt sich danach, mit Maxime in Saint-Gaultier einen Neuanfang machen zu können.

Als sie erfährt, dass Tania schon nach Saint-Gaultier gefahren ist, wirft sie das völlig aus der Bahn. Sie verliert jede Lust, die illegale, lebensnotwendige Reise zu machen, und Esther und Louise müssen sich um sie kümmern wie um ein kleines Kind. Sie müssen bangen, dass Hannah sich bei Kontrollen richtig verhält, ihre jüdische Herkunft nicht preisgibt. Aber genau das tut sie.

Eifersucht und Verzweiflung

Obwohl sie einen falschen Pass hat, zeigt sie dem deutschen Offizier ihren jüdischen Pass und – was noch grausamer ist – sie verrät auch Simon mit dem ruhig hervorgebrachten »c'est mon fils« (125,19). Hannah wird mit ihrem Sohn von den deutschen Soldaten gleich abgeführt und nach Auschwitz abtransportiert, wo sie sofort nach ihrer Ankunft umgebracht wird.

Tödlicher Irrtum?

frappieren: surprendre
bedingungslos: sans condition (f.); absolu, e
Razzia: la rafle
jdn. aus der Bahn werfen: déboussoler qn
bangen: craindre
preisgeben: révéler
grausam: cruel, le

Simon

Simon Joseph Grinberg ist der Sohn von Hannah und Maxime, somit Philippes Halbbruder. Simon wird im Frühjahr nach der Hochzeit seiner Eltern geboren, schreit sofort lauthals und ist von Anfang an sehr kräftig. Er hat einen gesunden Appetit und ist der Stolz seines Vaters. Simon hat ein sonniges Gemüt, lächelt alle an. Er verbringt sorgenfreie Jahre in der rue du Bourg-l'Abbé. Simon ist sehr sportlich, wird von seinem Vater im Schwimmen, im Turnen und an den Ringen unterrichtet und entwickelt sich in dieser Richtung sehr zu dessen Freude. Simon ist seinem Vater sehr ähnlich, ist, wie erwähnt, sportlich begabt und hat ein starkes Durchsetzungsvermögen. Ein Foto von ihm, das bei der Familie verblieben ist, zeigt ihn mit einer Medaille um den Hals nach einer Sportveranstaltung.

Stolz des Vaters

Simon ist beim Fluchtversuch und seiner Festnahme acht Jahre alt. Er wird von den beiden deutschen Offizieren mit seiner Mutter abgeführt, nach Auschwitz abtransportiert und sofort nach seiner Ankunft umgebracht.

Tod mit acht Jahren

lauthals: à pleins-poumons
ein sonniges Gemüt haben: être une nature gaie
sorgenfrei: sans soucis (m. pl.)
Ringe: les anneaux (m. pl.)
begabt sein (für etwas): être doué, e (pour qc)
Durchsetzungsvermögen: la capacité de s'imposer

Philippes Stammbaum

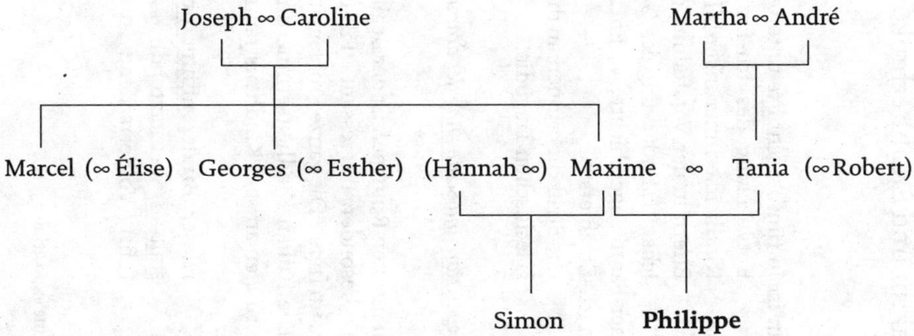

Stammbaum: arbre généalogique

4. Struktur und Erzähltechnik

Struktur

Der Roman ist in fünf Abschnitte unterteilt und folgt der Entwicklung des Ich-Erzählers: I: Frühe Kindheitserinnerungen, II: Lebenslauf der Eltern in der Vorstellung des jugendlichen Ichs, III: Entlarvung des Geheimnisses, IV: Revision der Familiengeschichte, V: Entwicklung des erwachsenen Ich-Erzählers[1].

Entwicklung des Ich-Erzählers

Die Struktur erinnert an die der klassischen griechischen Tragödie.

Tragödie

1. Teil: Exposition und Schürzung des dramatischen Knotens (7–30)

Wie in den meisten Romanen ist der Beginn, vor allem der erste Satz, besonders interessant: »Fils unique, j'ai longtemps eu un frère.« Die ganze Problematik ist hier bereits angelegt: Die frühen Kindheitserinnerungen sind vor allem Erinnerungen an sein Kindheitstrauma, den erfundenen Bruder.

Trauma und Dissoziation

Dieser Bruder nimmt immer mehr Gestalt an, was letztendlich zur Dissoziation führt. Vorherrschend ist das Gefühl der

Abschnitt: la partie
Exposition: une exposition
schürzen: nouer
Trauma: le traumatisme
Gestalt annehmen: prendre des formes (f. pl.)

Bindungslosigkeit und des Unverstandenseins des Protagonisten. Die Eltern bleiben die unerreichbaren Ideale des kindlichen und jugendlichen Erzählers.

2. Teil: Steigende Handlung mit den retardierenden Momenten (33–54)

Es folgt die Lebensgeschichte der Eltern in der Vorstellung des jugendlichen Ichs, rekonstruiert aus den wenigen Informationen, die die Eltern weitergegeben haben. Der Krieg wird in den Erzählungen weitgehend ausgeblendet. Der Erzähler stellt sich die romantische Liebesgeschichte seiner Eltern vor, ihr erstes Treffen im Stadion, das Zueinanderfinden zweier Ausnahmeerscheinungen, zusammengeführt durch ihre gemeinsame Passion, den Sport.

3. Teil: Klimax mit Peripetie (57–80)

Die idyllische Lebensgeschichte der Eltern entpuppt sich als Tragödie. Louise lüftet das Geheimnis, und es erfolgt eine schockartige Erkenntnis des Erzählers, dass der phantasierte Bruder tatsächlich existiert hat. Der entscheidende Satz ähnelt dem Romananfang: »Le lendemain de mes quinze ans, j'apprenais enfin ce que j'avais toujours su« (70,1 f.). Der Erzähler erfährt von Simon.

sich an jdn. binden: se lier, s'attacher à qn
unerreichbar: inaccessible
retardieren: retarder
Ausnahmeerscheinung: le personnage exceptionnel
sich entpuppen als: se révéler
ein Geheimnis lüften: dévoiler un secret
Erkenntnis: la connaissance, la conclusion

4. Teil: Fallende Handlung, Katastrophe (83–145)

Der vierte und längste Teil des Romans schildert die zweite Version der elterlichen Lebensgeschichte. Die geschichtlichen Hintergründe nehmen einen breiten Raum ein. Die Bemühungen des Erzählers, die Denkweise und Beweggründe der Protagonisten mit nachzuvollziehen, machen das Ausmaß der Tragödie ermessbar.

Katastrophe

5. Teil: Lösung des Konflikts (149–161)

Psychoanalyse

Der Ich-Erzähler spricht sich mit den Eltern aus, es gelingt ihm, das Geschehen zu ertragen, indem er es schreibend verarbeitet.

Epilog: (165–172)

Der Erzähler erklärt den Schreibanlass: Er will mit dem Roman dem grausam ermordeten Halbbruder ein Grab geben. Wir finden hier einen selbstbewussten Ich-Erzähler, der Vergangenheitsbewältigung betreibt und Anklage gegen das

Schreibanlass

fallen: tomber, baisser
Bemühung: un effort
Beweggrund: le mobile, le motif
nachvollziehen: suivre
ertragen: supporter
etwas verarbeiten: assimiler qc
selbstbewusst: sûr, e de soi
Vergangenheitsbewältigung betreiben: assumer son passé
Anklage: une accusation

Strukturskizze: Der Roman als klassische Tragödie

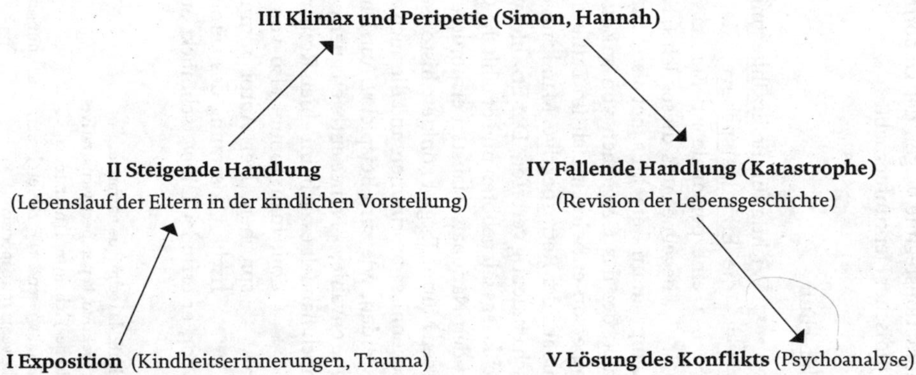

Kollaborationsregime wegen der Deportation von Kindern jüdischer Herkunft erhebt.

Erzähltechnik

Personale Erzählperspektive

Wichtig für die Erzähltechnik ist vor allem die Erzählperspektive, die bei *Un secret* eine personale ist. Bereits im ersten Satz begegnet uns dieses Ich (»Fils unique, j'ai longtemps eu un frère«). Es gibt also keinen auktorialen Erzähler, der das Geschehen von außen beurteilt. Die Hauptperson entwickelt sich im Laufe der Geschichte, erzählt aus der Retrospektive. Man kann die Geschichte historisch eindeutig verorten: Der Erzähler wird in der frühen Nachkriegszeit geboren und erzählt die Geschichte seines von den Nationalsozialisten ermordeten Halbbruders und dessen Mutter. Es gibt konkrete historische Fakten, die die Geschehnisse bestimmen und die auch zum Teil so erwähnt werden, wie zum Beispiel »L'Autriche est annexée, la Pologne envahie, la France entre en guerre« (94,12 f.).

Autofiktion

Dennoch handelt es sich um einen Roman, also um Fiktion, man könnte also von »Autofiktion« sprechen. Der Autor nimmt eine literarische Umsetzung des autobiographischen Stoffes vor, er erfindet Dinge, schmückt aus, ändert und

Erzähltechnik: la technique narrative
Erzählperspektive: la perspective narrative
(erzählerisches) Ich: le moi (narrateur)
auktorialer (allwissender) Erzähler: le narrateur omniscient
Retrospektive: la rétrospective

lässt weg, greift Mythen auf, die er verarbeitet (Medea), spielt mit literarischen Topoi, kurz, er macht das, was bereits Aristoteles »das Mögliche im Wirklichen«[2] nennt und was letztendlich Literatur von Geschichtsschreibung unterscheidet. Die Geschichte, der Zweite Weltkrieg, bestimmt das Schicksal der Romanpersonen und ist deshalb so wichtig. Immer wieder gibt es konkrete geschichtliche Ereignisse, die genannt werden (s. S. 53–58).

Literatur und Therapie

Erwähnenswert bei Grimbert ist, dass er als Psychoanalytiker auch ein therapeutisches Interesse verfolgt: die Befreiung und die Loslösung aus einer als traumatisch empfundenen Kindheit. Es ist eine Art Bildungsroman – der Erzähler befreit und emanzipiert sich durch diese Aufarbeitung.

Topos (pl. Topoi): le topique
therapeutisch: thérapeutique
sich loslösen von: se détacher de qn/qc
Bildungsroman: le roman d'éducation

5. Interpretation

Der Titel

UN secret

Es ist von Bedeutung, dass Philippe Grimbert den unbestimmten Artikel gewählt hat – »*un* secret«, nicht etwa »*le* secret«. Mit dieser etwas allgemeineren, unpersönlicheren Bezeichnung legt der Autor den Akzent darauf, dass es ihm bewusst nicht darum geht, ein Einzelschicksal darzustellen, sondern eines, wie es viele gegeben haben mag, eines, das in der Zeit sicher kein Einzelfall war. Es geht um *ein* Familiengeheimnis, ein Geheimnis, das es in vielen Familien so oder ähnlich gegeben haben könnte. Das, was Grimbert als »non-dits« (s. Interview S. 71) bezeichnet, wirkt im Unterbewussten der Personen nach, hat einen Einfluss auf ihr Leben, möglicherweise erst in der nächsten Generation. Philippes Familiengeschichte gründet auf dem großen Schweigen von Tania und Maxime, aber auch dem Schweigen der restlichen Familie. Er spürt, dass es etwas gibt, was er nicht weiß, kann es aber nicht benennen. In seinem ersten Manuskript hatte Grimbert seinen Roman »Le cimetière des chiens« nennen wollen, dies aber wieder verworfen[3].

unbestimmt: indéfini, e
allgemein: général, e
den Akzent auf etwas legen: mettre l'accent sur qc
Einzelschicksal: le destin individuel
le non-dit: ce qui n'est pas dit, ce qui est tu
nachwirken: (continuer à) résonner dans la mémoire
Unterbewusstes: le subconscient
Schweigen: le silence
verwerfen: rejeter, abandonner

Das Motiv des Hundes

Sim und Echo

Dennoch ist das Thema des Hundes ein wichtiges in *Un secret*. Es durchzieht als roter Faden den Roman. Bezeichnenderweise ist es Tania, die Simon den kleinen Plüschhund schenkt. Ebendiesen Plüschhund vertraut Simon kurz vor seiner Verhaftung Louise an, er ist also für alle Familienmitglieder eng verknüpft mit dem Verschwinden Hannahs und Simons. Er gehört zu den wenigen Dingen, die von Simon bleiben. Dieser Plüschhund ist es, der Philippes Misstrauen, seine Aufmerksamkeit für die Vergangenheit, weckt und dem er, ohne von Simon zu wissen, instinktiv den Namen »Sim« gibt. Der Fund wird vom Erzähler kommentiert: »Un jour enfin, je n'ai plus été seul« (9,1 f.), was gewissermaßen die Entdeckung, dass er einen Halbbruder hatte, vorwegnimmt. Als Philippes Klassenkamerad die Juden als »chiens de juifs« bezeichnet (67,8), verliert Philippe die Kontrolle über sich und schlägt ihn. Das wiederum löst Louises Geständnis aus. Der Tod des ›echten‹ Hundes Echo löst in Maxime die Verzweiflung über sein Leben aus; er droht an seiner Schuld zu zerbrechen. Diese Verzweiflung über den Tod des Hundes ist letztendlich auch Auslöser für Philippes Entschluss, das Schweigen endgültig zu brechen. Der Besuch auf dem

roter Faden: le fil conducteur
Misstrauen: la méfiance
jds. Aufmerksamkeit wecken: éveiller l'attention (f.) de qn
instinktiv: instinctif, -ive (adj.), instinctivement (adv.)
Auslöser: hier: le motif déclencheur
endgültig: définitivement (adv.)

Hundefriedhof initiiert den Schreibprozess. Olivier Brunet bezeichnet das Bild des Hundes als »symbole de la mémoire du traumatisme familial«[4].

Leidenschaft und Begierde

»Tout découle du désir.«[5] Die körperliche Anziehung, die zwischen Maxime und Tania von Anfang an besteht, eine Anziehung, die sich wegen beider Charakter nicht unterdrücken lässt, ist der Grund für das Schicksal der Familie. Für beide ist die körperliche Begierde wichtiger Bestandteil ihres Lebens. Schon wie die beiden beschrieben werden, ist klar, dass sie andere anziehen und selbst leicht durch körperliche Vorzüge zu beeindrucken sind (s. S. 27 sowie S. 30 f.).

»Le coup de foudre«

Wie ein Blitz fährt diese Anziehung in Maximes Leben, es handelt sich tatsächlich im Wortsinn um einen »coup de foudre«. Die erste Begegnung zwischen Maxime und Tania wird genau so, mit diesem Bild, beschrieben: »[…] il est foudroyé par cet éclair d'été« (87,4). Aber diesem Bild wohnt auch die andere, die dunkle Seite inne: »[…] loin d'éclairer la fête elle vient l'assombrir« (87,1).

découler de qc: von etwas kommen/herrühren
Anziehung: une attirance
von Anfang an: dès le début
Begierde: le désir
Vorzug: la qualité
le coup de foudre: Liebe auf den ersten Blick
Blitz: la foudre

Von Anfang an ist diese Begierde mit Schmerz verbunden: »Sa poitrine se déchire, une telle beauté lui est douloureuse [...]. L'éclat de cette femme lui brise le cœur« (26,22 ff.). Bereits in diesem Moment ist klar, dass Maxime nicht, wie beabsichtigt, sein Leben als Frauenheld hinter sich lassen und durch die Heirat mit Hannah das ruhige Leben eines Familienvaters führen kann – und dass nicht nur der Krieg dies vereitelt.

Die schmerzhafte Seite der Begierde

Ein weiteres wichtiges Motiv ist das des Blicks.

Mit einem Blick verrät sich Maxime, mit einem Blick, von dem er im selben Moment spürt, dass er mit ihm auch Hannah verrät; der Erzähler spricht von »l'injure qu'il fait à Hannah« (88,12). Schon bei seiner Hochzeit teilt er Tania sein Gefühl mit. Vom ersten Moment ihrer Begegnung an kann es für Maxime keine andere Frau mehr geben. Das weiß er, aber er will es unterdrücken. Einige Jahre später bemerkt es auch Hannah, und Maximes Blick, der voller Leidenschaft auf Tania gerichtet ist, wird von ihr richtig als Bedrohung gedeutet. Sie bemerkt die Begierde in seinem Blick, eine Begierde, wie er sie nie für sie empfunden hat. Tania ist nicht nur für Maxime Objekt der Begierde. Auch alle anderen Familienmitglieder sind fasziniert

Verrat an Hannah

beabsichtigt: prévu, e
Frauenheld: coureur (de jupes), tombeur, séducteur
vereiteln: empêcher
Blick: le regard
von ... an: dès
Bedrohung: la menace

von ihr: »[...] tous ces yeux brillent pour Tania de la même ferveur«. Das haben die beiden offensichtlich gemeinsam: Sie erregen Aufmerksamkeit. Auch Thérèse, die Tochter des alten Oberst, bei dem die Familie im Indre wohnt, erliegt Maximes Charme: »Sensible à son charme, elle le lui témoigne par de multiples attentions. [...] Elle le contemple, bouleversée, et confie ses émois à son journal intime« (115,9 ff.).

Ein ideales Paar

Hannah ahnt instinktiv die spätere Beziehung von Tania und Maxime voraus, kann sich nicht lösen vom Bild des »couple idéal qu'imposent les deux sportifs« (101,19). Auch hier wird dies mit der Lichtmetaphorik ausgedrückt: »[...] ils rayonnent« (101,20). Später dann, als Maxime fast verrückt geworden ist vor Sorge um Hannah und Simon, als er lange Nächte wach zugebracht, die Einsamkeit gesucht und mit niemandem mehr richtig kommuniziert hat, ist wieder vom Blick die Rede: »Lorsqu'il émerge de ces semaines d'isolement son premier regard est pour Tania. Il ne veut plus résister« (135,7 f.). Hier wird nun das Bild des Pfeils, der die Luft durchschneidet und seine Begierde wieder weckt, gebraucht: »À la vue de cette flèche noire tranchant sur le blanc du ciel son désir renaît« (135,23 f.).

Gegenseitige Anziehung

Die Anziehung ist gegenseitig, auch Tania fühlt sich vom ersten Moment an von Maxime sehr stark angezogen: »Elle ne peut se

jds. Charme erliegen: succomber au charme de qn
etwas vorausahnen: pressentir qc
Metaphorik: les procédés (m. pl.) métaphoriques
Pfeil: la flèche
gegenseitig: mutuel, le

défendre d'une attirance pour Maxime, dont l'apparence l'a séduite dès leur première rencontre« (108,10 f.). Sehr genau wird diese Anziehung auch als sexuelle beschrieben: »Elle se laisse aller à imaginer son odeur, le poids de son corps, son sexe, les muscles de ses fesses« (109,20 f.). Wie zwei Pole eines Magneten ist ihre gegenseitige Anziehung. Ohne eine Wertung vorzunehmen, beschreibt Grimbert die Kraft dieser Anziehung, die der Anfang einer Beziehung ist, die alles verschweigen will, einen Neuanfang versucht, der jedoch nicht gelingen kann. Die Geister der Vergangenheit tauchen auf.

Der Holocaust – Schuld und Opfer

Das Medea-Motiv

Hannah ist in der Sekundärliteratur oft als moderne Medea bezeichnet worden, und es ist sicher richtig, dass in diesem Akt ihre ganze Verzweiflung über ihre Situation, über die Liebe ihres Lebens, die sie verloren hat, zum Ausdruck kommt. Im Vergleich geht es vor allem darum, dass Medea ihre eigenen Kinder umgebracht hat, um sich an ihrem Mann Iason zu rächen, der sie verstoßen hat, um eine andere Frau zu heiraten. Es gibt sicher Parallelen, aber bei

Pol: le pôle
Magnet: un aimant
eine Wertung vornehmen: juger
Geist: le fantôme
auftauchen: émerger, surgir
Medea: Médée (Frauengestalt aus der griechischen antiken Mythologie)
jdn. verstoßen: rejeter qn

Hannah steht der Rachegedanke nicht im Vordergrund. Es ist vielmehr ein Akt der Verzweiflung, weil sie spürt, dass sie gegen die Anziehung zwischen Tania und Maxime nicht ankommt und dass sie damit jeden Sinn im Leben verliert. Ihr Lebenssinn ist Maxime. Der Brief, durch den Hannah von Tanias Ankunft in Saint-Gaultier erfährt, löst ihren psychischen Zusammenbruch aus: »Cet homme est toute sa vie, elle en est plus sûre que jamais« (116,21 f.); »Le deuxième mur s'effondre, avec fracas. Hannah a quitté la protection de sa famille pour se réfugier sous l'aile de Maxime, sans lui elle n'est plus rien« (120,13). Ihre Verzweiflung und ihre Angst, verlassen zu werden, verleiten sie dazu, ihren geliebten Sohn zu opfern, der sie so stark an Maxime erinnert (vgl. 116,20). Die zwangsläufige Abfolge der Ereignisse lässt sich mit Moral und gesundem Menschenverstand nicht erklären. Olivier Brunet geht so weit zu behaupten, dass, damit Maxime und Tania ihre Liebe leben können, Hannah, Simon und Robert »geopfert« werden müssen. »Seul leur sacrifice peut permettre de sortir du dilemme du choix et de retrouver une forme de paix.«[6]

Das Motiv der Schuld

Die Beziehung zwischen Maxime und Tania ist von Schuldgefühlen geprägt. Bereits bei ihrem ersten sexuellen Kontakt denkt Maxime an Hannah: »Il tient dans ses bras celle qu'il désire depuis des années mais sur le point de perdre conscience, c'est l'image d'Hannah qui lui apparaît«

Rache: la vengeance
Verzweiflung: le désespoir
opfern: sacrifier (Opfer: le sacrifice)
zwangsläufig: inévitable
gesunder Menschenverstand: le bon sens

(137,17 f.). Maxime und Tania sind in den Augen der anderen, die die Geschichte kennen, schuldig («Mon père et ma mère, coupables aux yeux de tous […] », 140, 11 f.). Aber auch die beiden selbst können nie mehr frei von Schuldgefühlen sein. Diese prägen ihr ganzes weiteres Leben, sind der Grund für ihr Schweigen, für das Verschweigen des Geheimnisses, welches jedoch immer präsent ist. Vom psychologischen Standpunkt aus betrachtet, zeigt die Geschichte, dass die Schuld ihren Ursprung findet in einem Geschehen, das sie im tiefsten Inneren ablehnen, das sie schrecklich finden, für das die beiden Protagonisten sich aber verantwortlich fühlen. Die Aufgabe der Psychoanalyse ist es, ihnen diese Verantwortung zu nehmen. Genau das versucht Philippe als Erwachsener: Er nimmt seinem Vater die Verantwortung, indem er sagt, dass er »nur« für den Tod des Hundes verantwortlich sei.

Geschichte und Literatur: der Zweite Weltkrieg im Roman

Der Roman erzählt die Geschichte eines jüdischen Schicksals zur Zeit der »Occupation«, der Besetzung Frankreichs. Der Autor bricht in der Darstellung der jüdischen Protagonisten mit einem Klischee anderer literarischer Darstellungen: Maxime ist nicht wie sein Vater stolz darauf, Jude zu sein, im Gegenteil, er ist nicht religiös, möchte seine jüdischen Wurzeln am liebsten nicht the-

Die Besatzungszeit

Ursprung: une origine
in ihrem tiefsten Inneren: dans leur for intérieur

matisieren und geht sogar so weit, seinen Sohn christlich taufen zu lassen, was zu einem Zerwürfnis mit einem Teil der Familie führt. Mit der Darstellung von Maximes Fixierung auf die körperliche Ertüchtigung und den gut gebauten Körper rückt Grimbert ihn in die Nähe des nationalsozialistischen Körperkultes. In einem Interview sagt Grimbert: »[…] le roman ne dit pas la réalité. Il dit la vérité … ma vérité«.[7] Immer wieder gibt es konkrete Hinweise auf die Geschichte. In der folgenden Tabelle werden die Geschehnisse kurz chronologisch aufgelistet und den Entsprechungen im Roman gegenübergestellt.

Vor dem Krieg:	
	»Maxime épouse Hannah un beau jour d'été, sous un ciel sans menaces. Après avoir signé le registre de la mairie ils se rendent à la synagogue.« (83,8 f.)
1933: »Machtergreifung« Hitlers in Berlin (Hitler wird nach den Wahlen vom Präsidenten Hindenburg zum Kanzler ernannt).	
1935: Die sog. »Nürnberger Gesetze« erkennen jüdischen Staatsbürgern die Bürgerrechte ab.	
1938:	
– »Anschluss« Österreichs an das Deutsche Reich.	»L'Autriche est annexée [...].« (94,13)
– Jüdische Ärzte und Rechtsanwälte dürfen nicht mehr praktizieren, der Handel mit Waren	

Machtergreifung: la prise du pouvoir
Kanzler(in): le chancelier / la chancelière
aberkennen, verweigern: refuser
Bürgerrecht: le droit du citoyen, le droit civique
Anschluss: une annexion
Rechtsanwalt/-anwältin: un avocat / une avocate
praktizieren: exercer (un métier)
Ware: la marchandise

und Dienstleistungen wird Juden untersagt. – Juden in Deutschland werden gezwungen, aus einer bestimmten, eng begrenzten Zahl »typisch jüdischer« Vor- und Zunamen ihren Erst- oder Zweitnamen zu wählen.	
9.11. Pogrom gegen die Juden im Deutschen Reich, Geschäfte und Synagogen werden verwüstet. In der Folge weitere Maßnahmen gegen Juden (z. B. Verweis jüdischer Schüler von deutschen Schulen).	»Déjà en Allemagne la Nuit de cristal, puis l'instauration du statut des Juifs lui ont laissé envisager le pire […].« (96,16 f.)
1939	
1.9. Beginn des Zweiten Weltkriegs mit dem Überfall auf Polen.	»[…] la Pologne [est] envahie, la France entre en guerre.« (94,13 f.)
3.9. Frankreich und Großbritannien erklären Deutschland den Krieg.	

Dienstleistung: la prestation de service
jdn. zwingen: forcer qn
Pogrom: le pogrome
verwüsten: ravager, dévaster, démolir
Maßnahme: la mesure
Verweis: le renvoi
Überfall: une attaque
den Krieg erklären: déclarer la guerre (à)

14.9. Die französische Regierung ordnet an, dass alle Männer zwischen 18 und 55, die »feindlichen Nationen« angehörten, in Sammellagern interniert werden sollten. Deutsche Juden, die nach Frankreich geflüchtet waren, sind davon nicht ausgenommen.

Sept. 1939 – Mai 1940
Die französische Armee bleibt passiv: »la drôle de guerre«.

1940
10.6. Die französische Regierung verlässt Paris.
12.6. Beginn des Blitzkriegs gegen Frankreich.
14.6. Deutsche Truppen besetzen Paris. Hitler besucht Paris.
16.6. Staatspräsident Reynaud tritt zurück; sein Nachfolger wird Philippe Pétain.

internieren: interner
ausnehmen: exclure
Blitzkrieg: la guerre éclair
zurücktreten: démissionner
Nachfolger(in): le successeur

22.6. In Compiègne wird der Waffenstillstand zwischen Frankreich und Deutschland unterzeichnet – Kapitulation Frankreichs. Pétain wird Staatschef und verfügt praktisch über absolute Vollmachten. Anfangs wird das antikommunistische, konservative und katholische Vichy-Regime von vielen Franzosen begrüßt. »Liberté, Égalité, Fraternité« werden ersetzt durch »Travail, Famille, Patrie«. Staat und Bürger kollaborieren.

»On voit défiler les chars, des troupes de conquérants descendre au pas de l'oie les Champs-Élysées. Sur la terrasse du Trocadéro un homme en grand uniforme, les mains dans le dos, contemple la tour Eiffel d'un œil de propriétaire.« (94,17 ff.)

»[…] victoire de l'Allemagne nazie, signature de l'armistice, instauration du régime de Vichy.« (94,13 f.)

1942

20.1. Wannseekonferenz mit dem Beschluss der »Endlösung der Judenfrage«.

29.5. Es wird angeordnet, dass der Judenstern auch im besetzten Teil Frankreichs getragen werden muss. Die Bezeichnung »Juif, Juive« muss im Personalausweis eingetragen werden. Im

»Ceux qui assuraient la sécurité […] deviennent les auxiliaires zélés d'un projet implacable, fonctionnaires dont la simple signature peut bouleverser un destin […] L'ennemi peut aussi se dissimuler sous les manches de lustrine des employés de mairie, sous la pèlerine des

Vollmacht: le plein pouvoir
Wannseekonferenz: la conférence de Wannsee
Endlösung: la solution finale
Judenstern: une étoile jaune

November 1942 bei der Besetzung des bisher unbesetzten Teils Frankreichs wird der gelbe Stern auch dort eingeführt.

1942–44: Hunderttausende Franzosen werden zur Zwangsarbeit in Nazi-Deutschland gezwungen oder an die Front geschickt (diesen Vorgang nannte man »Relève«).

1940–44: 76 000 Juden werden aus Frankreich nach Auschwitz deportiert.

1942

27.3. Der erste Zug mit jüdischen Deportierten verlässt

sergents de ville, sous l'autorité des préfets et jusque dans le regard amical des voisins.« (95,5 ff.)

»Maxime a refusé de se rendre au commissariat pour faire apposer sur ses papiers d'identité le tampon rouge infamant […] Esther et Georges ont répondu à l'appel […].« (99,1 ff.)
»Le port de l'étoile est devenu obligatoire. Une gifle pour Maxime qui ne peut plus rien opposer à ceux qu'il a tenté de rassurer […]. Louise a obéi, elle a cousu l'insigne à sa poitrine.» (103,1 ff.; 104,5 f.)
»Plus jeune que Maxime, Robert a été mobilisé sur le front de l'Est.« (99,19 f.)

»Plus tard, ces mêmes images en noir et blanc projetteront aux yeux des incrédules les portes de wagons plombés, le brouillard de gares dont on ne revient pas.« (98,21 ff.)

»L'opération a été tenue secrète, dès le petit matin tout

Zwangsarbeit: le travail forcé

Frankreich. Es folgen 78 weitere Züge mit insgesamt 75721 deportierten Menschen, wovon nur 2500 überleben. **Juli:** Die Pariser Polizei verhaftet mit 9000 Mann 20 000 Juden und sperrt sie im Vélodrome d'Hiver (Radsporthalle) ein. Alle werden deportiert.	le onzième arrondissement a été bouclé, à chaque entrée de rue, à chaque bouche de métro les forces de police se tiennent prêtes. On frappe aux portes, on surprend des familles ensommeillées, on leur laisse à peine le temps de réunir quelques affaires et on les force à dévaler les escaliers, parfois à coups de pied ou de crosse, pour les entasser dans des autobus […]. Hannah apprend par Esther la nouvelle qui a fait le tour de tous les magasins du quartier: la plus grande rafle organisée depuis le début de l'Occupation vient de se dérouler […] des voisins lui confirment le départ de ses parents, le petit matin, avec les centaines d'autres habitants du quartier, recensés ou dénoncés.« (118,1 ff.)

6. Autor und Zeit

Das Wort Autobiographie setzt sich aus drei griechischen Wurzeln zusammen: *autós* (›selbst, allein‹), *bíos* (›das Leben‹) und *gráphein* (›schreiben‹). Die Autobiographie ist die Erzählung, die eine real existierende Person im Rückblick, das heißt nachträglich, auf ihr eigenes Leben verfasst.

Autobiographisches Schreiben

Es gibt einige biographische Fakten in Philippe Grimberts Leben, über die er schreibt. Was ist autobiographisch an *Un secret*?

Erzähler und Autor

Wie der Erzähler ist der Autor Philippe Grimbert in den ersten Nachkriegsjahren geboren, Grimberts Geburtsjahr ist 1948. Er schrieb den Roman 2004. Als Kind erfindet er sich einen Bruder und gibt einem Plüschhund dessen Namen. Im Alter von 15 Jahren erfährt er, dass sein Vater Lucien vor dem Krieg schon einmal verheiratet war und einen Sohn hatte: Michel. Dieser Sohn und seine Mutter wurden nach Auschwitz deportiert und umgebracht. Sein Vater heiratete nach dem Krieg seine wunderschöne Schwägerin, deren Mann der Bruder seiner ersten Frau war und im Krieg im Stalag getötet worden war. Philippe Grimbert ist der Name des Autors und des Erzählers, die Vornamen der Eltern sind erfunden. Interessant ist, dass bei der Namensveränderung von Grinberg zu Grimbert genau die Initialen der beiden Vornamen der El-

sich zusammensetzen aus: se composer de
Rückblick (auf): la rétrospective (sur/de)

tern ausgetauscht wurden (*m* und *t*). Die historischen Eltern waren erleichtert, als sie erfuhren, dass ihr Sohn ihre Geschichte durch eine unvorsichtige Bemerkung erfahren hatte; sie wollten es ihm mit 18 Jahren sagen. Philippe Grimbert hat Psychologie studiert, machte mehr als zehn Jahre eine Analyse, bevor er selbst eine Praxis eröffnete[8]. Er praktiziert noch immer – seine Klienten sind häufig autistische Kinder. Grimbert betont, dass es ihm wichtig war, dass es nicht um eine Auflistung der Fakten und noch weniger um eine »Abrechnung« mit den Eltern oder um Schuldzuweisung geht (s. Interview mit Grimbert, S. 64 sowie S. 74). Grimbert verbindet in diesem Roman seine schriftstellerische Leidenschaft mit der Forderung nach der Pflicht, sich zu erinnern: »Il faut certainement voir ce roman comme la rencontre entre une passion pour l'écriture et un devoir de mémoire.«[9] Grimbert interessiert sich sehr für Musik und Tanz und hat auch einen Essay zum Thema Musik verfasst. Mit *La petite robe de Paul* wird er auch im Bereich der Belletristik bekannt, für *Un secret* bekommt er 2004 den »Prix Goncourt des lycéens« und 2005 den »Grand Prix des Lectrices de ELLE« und den »Prix Wizo«.

Werke von Philippe Grimbert

Essays

Psychanalyse de la chanson (1996)
Pas de fumée sans Freud: psychanalyse du fumeur (1999)
Évitez le divan: petit manuel à l'usage de ceux qui tiennent à leurs symptômes (2001)
Chantons sous la psy (2002)

Romane

La petite robe de Paul (2001)
Un secret (2004)
La mauvaise rencontre (2009)
Un garçon singulier (2011)

Romanverfilmungen

Un secret, von Claude Miller, mit Cécile de France, Ludivine Sagnier, Patrick Bruel, Julie Depardieu (2007)
La mauvaise rencontre, Fernsehfilm von Josée Dayan, mit Matthieu Dessertine, Samuel Mercer, Jeanne Moreau (Erstausstrahlung 2011)

Interview mit Philippe Grimbert zu *Un secret*

Heidelberg, 12. März 2013
Pia Keßler: *Votre roman «Un secret» est un des exemples les plus touchants d'un témoignage de la «deuxième génération», des enfants des victimes de l'holocauste. C'est une rupture avec la dissimulation de la persécution par les victimes elles-mêmes. Pourriez-vous commenter cette rupture?*

Philippe Grimbert: Je crois qu'il s'est passé quelque chose de terrible pour la première génération, c'est qu'ils se sont murés dans un silence absolu et je crois que ce silence était motivé par l'ampleur du traumatisme qu'ils ont ressentis et qui en effet les a fait se taire pendant des décennies

touchant, e: berührend
la rupture: Bruch
la dissimulation: Verbergen, Verschleierung

et la deuxième génération a hérité de ce silence mais aussi de la possibilité de se défaire de ce silence. C'est une génération qui a pour beaucoup traversé l'expérience de la psychanalyse par exemple alors que les survivants des camps n'ont pas tenté, n'ont pas même eu l'occasion de faire appel à la psychanalyse alors que leurs enfants oui parce que ce silence qui a pesé sur eux a été cependant moins lourd tout de même que celui que leurs parents avaient construit autour d'eux. Donc je crois que cette génération-là qui a eu la chance de pouvoir poser des questions, parfois même de faire parler ceux qui se taisaient, de traverser l'expérience psychanalytique par exemple pour se défaire du poids de cet héritage, est une génération qui a pu témoigner à la place de la génération précédente.

C'est aussi à cause de cela que cette rupture est aussi une rupture avec l'image de la victime juive jusque-là utilisée?

Très certainement parce que je pense que ce silence dont malheureusement les survivants ne pouvaient pas faire l'économie, les a confortés dans cette position de victimes et a fait que les enfants de la deuxième génération ont éprouvé le besoin de sortir de ce statut. Vous savez, il se passe chez nous – mais cela se passe certainement en Allemagne avec la génération des jeunes Turcs, je suppose – quelque chose avec la deuxième génération. On ne peut pas vraiment comparer parce qu'il s'agit là d'immigration mais cependant chez nous il y a eu une génération de jeunes travailleurs qui en s'intégrant s'est soumise à l'autorité de

faire l'économie de qc: etwas vermeiden, verhindern
conforter: trösten

l'envahisseur français, puis leurs enfants et leurs petits enfants ont réagi non pas en parlant ou en écrivant mais plutôt en agissant. Ce fut leur façon de sortir du silence et de l'humiliation qu'ils éprouvaient vis-à-vis du statut de leurs parents. Donc, là aussi, il y a quelque chose de la deuxième ou de la troisième génération qui se met en route.

On pourrait aussi parler d'une rupture avec l'iconographie habituelle des œuvres littéraires avant?

En ce qui me concerne, en tout cas, dans *Un secret*, j'ai voulu sortir par exemple les personnages de mon livre de l'image traditionnelle du juif courbé sous le poids et de la culpabilité et du malheur et aussi sous le poids des études et de décrire un couple de juifs ultra-sportifs assez proches d'ailleurs de l'idéal nazi. Et c'est ce qui m'intéressait d'ailleurs: faire se retrouver le bourreau et la victime dans un même idéal. C'est quelque chose de dérangeant, peut-être même choquant, mais qui littérairement et psychologiquement m'a paru intéressant: faire de Maxime et de Tania, les deux héros juifs du livre, des super-sportifs qui auraient pu figurer dans le panthéon des dieux du stade, en hommage au corps glorieux des Aryens.

un envahisseur / une envahisseuse: Eindringling
une humiliation: Demütigung, Erniedrigung
une iconographie: Bebilderung, Bildlichkeit
courbé, e: gebeugt
et … et: sowohl … als auch
le bourreau: Henker
déranger: stören
figurer: auftreten
le panthéon: Pantheon, Ruhmeshalle
un Aryen / une Aryenne: Arier(in)

Et est-ce forcément à cause de leur culpabilité que le «fruit» de ces deux corps parfaits est si chétif?

Il s'agit d'une création littéraire dans la mesure que je n'ai jamais été aussi chétif que je le laisse entendre dans le livre mais c'est une image littéraire qui me semblait intéressante parce que je pense en effet – et là c'est tout autant l'homme qui a vécu cette histoire familiale que le psychanalyste qui a pu l'analyser ou le romancier qui a pu l'écrire qui vous parle: je pensais qu'il était intéressant de montrer que le poids de la culpabilité des parents peut avoir des effets sur le corps même de leur enfant. Et ça je le constate évidemment en tant que psychanalyste qui s'occupe d'enfants chez qui très souvent la douleur psychique, les non-dits provoquent quasiment des malformations physiques, c'est-à-dire quelque chose qui peut s'imprimer réellement sur le corps, pas seulement sur le psychisme. Donc c'est à la fois, je l'espère, exact sur le plan littéraire et sur le plan clinique parce que la métaphore m'intéressait évidemment: cet enfant prend quasiment le corps d'un déporté. À sa façon il crève le silence des parents parce que lui-même il incarne cette horreur des corps amaigris, mais en même temps sur le plan psychanalytique et clinique c'est quelque chose que j'ai constaté et qui me semble juste.

Une question qui intéresse beaucoup les élèves est la sui-

la malformation: Missbildung
le psychisme: Psyche
la métaphore: die Metapher
le déporté / la déportée: Deportierte(r)
crever: hier: durchbrechen
incarner: verkörpern
amaigri, e: maigre

Philippe Grimbert beim Pariser Salon du Livre, 2012
(Foto: Thesupermat)

vante: Pourquoi est-ce que Hannah trahit son propre fils? N'est-ce pas un peu trop dur cette allusion à Médée?

C'est une question qui revient assez fréquemment, d'ailleurs vous employez le mot «trahir», alors que j'ai essayé de reconstituer une scène à laquelle je n'ai évidemment pas assisté, d'en faire donc une fiction qui en même temps emporte la conviction – y compris la mienne – parce qu'aujourd'hui je peux me dire «c'est évidemment comme ça que les choses se sont passées.» Même si je n'ai aucune certitude absolue, j'en ai la conviction intime. Je crois que plutôt que «trahison» je dirais qu'Hannah est dans un désespoir absolu, elle a perdu tous ses repères: ses parents pris dans une rafle, son mari parti avec une autre, cette femme fragile qui est Hannah est dans un désespoir absolu qui la mène à entraîner son enfant dans sa perte – comme cela peut arriver à des femmes qui ne se trouvent pas forcément dans une situation aussi dramatique que la deuxième Guerre mondiale, mais qui sont dans des circonstances économiques et affectives graves et qui en arrivent à se tuer en même temps que leurs enfants. Nos journaux en sont pleins: on y lit le fait divers dramatique de femmes qui se sont tuées en même temps que leurs enfants et on ne peut pas dire que ce soit des actes de ou de trahison, ce sont

trahir: verraten
fréquent, e: häufig
reconstituer: rekonstruieren, zusammensetzen
la conviction: Überzeugung
le désespoir: Verzweiflung
le repère: Orientierungspunkt
le fait divers: vermischte Nachrichten

plutôt des actes d'amour fou et désespéré qui sont toujours du côté du désespoir et de l'amour et non pas du côté de la haine. Une femme qui se tue en même temps que ses enfants c'est parce qu'elle emporte en même temps avec elle ce qui lui est le plus cher. C'est ce que fait Hannah. C'est un acte d'amour fou.

Et vous avez eu dans votre tête l'image de Médée?

Oui, parce que dans la tragédie l'image d'une mère qui sacrifie ses enfants est du côté du sublime, du tragique et du terrifiant et il ne faut pas oublier que les mythes sont toujours l'expression illustrée de quelque chose qui dort au plus profond de nous-même. Je dirais que quand Médée tue ses enfants, c'est parce qu'elle est dans le désespoir amoureux le plus total, comme Hannah.

En quels points pourriez-vous dire «François, c'est moi»[10]*?*

Claude Miller avait dans le scénario original appelé le personnage du film «Philippe Grimbert» et j'étais très ennuyé que le film parle de l'histoire de Philippe Grimbert. J'ai pris soin de raconter dans ce livre l'histoire d'*un* secret, l'histoire d'un adolescent au prise avec un secret et les effets terribles que peut avoir un secret sur l'évolution d'un adolescent. Donc je ne souhaitais pas que ce soit identifié et personnalisé avec mon nom, parce que l'histoire de Philippe Grimbert n'intéresse personne: si les jeunes gens s'y sont projetés c'est parce que c'est l'histoire *d'un* secret et c'est l'histoire d'*un* adolescent, pas *du* secret et *de* Philippe

la haine: Hass
le sublime: Erhabenes
être au(x) prise(s) avec (un problème): sich mit etwas auseinandersetzen
un adolescent / une adolescente: Jugendliche(r)
se projeter à qc: sich in etwas wiederfinden

Grimbert. Donc, François, bien-sûr que c'est moi d'une certaine façon, mais de la même façon que dans le livre il y a une sorte de paradoxe, tout est vrai et tout est faux. Tout est vrai parce qu'évidemment j'ai reconstruit cette histoire de la façon qui me semble le plus vraisemblable, et psychologiquement et humainement, et je suis aujourd'hui convaincu que c'est ainsi que les choses se sont passées bien que je n'en aie pas la preuve historique. Donc on peut dire aussi que la plupart des épisodes de cette tragique histoire sont fictionnelles et reconstruites. À part évidemment les réels cadavres que cette histoire a laissés sur la route et qui sont hélas! vrais. Hannah et Simon ont été assassinés à Auschwitz, ça c'est sûr. Mais c'est comme des piliers, dont je sais que ce sont des faits réels, il a fallu les réunir avec des arches que j'ai construites moi-même littérairement et psychologiquement.

M. Grimbert, je ne sais pas si vous acceptez la question, pourquoi avez-vous écrit ce roman?

J'accepte la question, mais maintenant il faut que je donne la réponse, c'est autre chose. D'abord, curieusement, c'est la question la plus difficile qu'on puisse poser à un auteur, «pourquoi avez-vous écrit ce livre?» La plupart du temps l'écriture nous échappe, c'est le mystère de la création littéraire, c'est une question que beaucoup de lecteurs nous posent, «qu'est-ce qui vous inspire?», «qu'est-ce qui est vrai, qu'est-ce qui est faux?», «comment vous est venue l'idée de ce livre?». À la fois on peut répondre avec quelques

le pilier: Pfeiler, Stütze
une arche: Bogen
échapper: entfahren, einfach so herauskommen

détails mais la véritable réponse, le fond de cette histoire c'est que cela nous échappe à nous-mêmes et que la création littéraire est heureusement un mystère pour nous-mêmes qui écrivons. Maintenant pour ce livre-là j'ai quand-même quelques éléments de réponse et en particulier quelque chose que j'ai tenu à raconter dans le livre lui-même, c'est-à-dire la visite dans le cimetière des chiens qui est authentique, un hasard incroyable pour moi qui ne crois pas au hasard! … J'ai une maison proche de Paris à côté de laquelle il y a ce parc, ce château qui appartenait donc à la fille du président Laval, celui qui a écrit les décrets permettant aux moins de 16 ans de partir avec leurs parents dans des camps. La fille de Laval était une ambassadrice de charme de son père auprès des autorités occupantes, donc, elle est «mouillée» dans l'affaire comme on dit, elle n'est pas du tout une victime de ses ascendants. Donc, quand j'ai vu ces tombes de chiens qui existent réellement dans le parc de ce château qui a appartenu à la fille de Laval, ces tombes gravées avec des dates de décès, des noms de

le fond: der Ursprung, der eigentliche Grund
tenir à faire qc: Wert darauf legen, etwas zu tun
Laval: Pierre Laval, Außenminister und Ministerpräsident des Vichy-Regimes.
le décret: Verordnung
le camp: le camp de concentration
un ambassadeur / une ambassadrice: Botschafter(in)
être mouillé, e dans qc: verwickelt sein in etwas
un ascendant / une ascendante: Vorfahr(in)
gravé, e: eingraviert
le décès: Tod

chiens, alors que dans ce lieu-là plane la mémoire de milliers d'enfants morts sans sépulture, c'est quelque chose qui m'a semblé tellement obscène et choquant que m'est aussitôt venue l'idée de ce livre. Je me suis dit, «je dois transmettre cette histoire». Jusque là elle faisait partie de moi parce que c'est une histoire sur laquelle j'ai travaillé personnellement en tant qu'analysant moi-même, mais je n'avais jamais songé en faire un livre. C'est après ma visite dans ce cimetière de chiens que je me suis dit, «il faut que je transmette quelque chose de cette histoire».

Merci beaucoup pour cette explication. Et pourriez-vous expliquer la dernière phrase («Ce livre serait sa tombe»)?

D'abord il y a deux choses puisque cet enfant n'a pas eu de tombe, c'est vrai qu'écrire un livre c'était lui donner une sépulture. Mais je crois qu'il faut l'entendre au sens – je ne sais pas si ce sens existe en langue allemande, mais en langue française «tombeau» a deux sens. À la fois c'est la sépulture, c'est la tombe, mais c'est aussi l'hommage. C'est-à-dire qu'on peut faire un tableau qui est un tombeau, par exemple un tombeau de Delacroix ou un tombeau de Renoir, on peut écrire une œuvre musicale, il y a par exemple une qui s'appelle «Le tombeau de Couperin» qui est de Maurice Ravel, il y a des tombeaux littéraires, des tombeaux picturaux, donc là je pensais en effet que ce livre serait en même temps une sépulture et un hommage. Donc c'était le mot qui convenait, «ce livre sera sa tombe».

planer: schweben
la sépulture: Grab(stätte)
un hommage: Würdigung, Ehrerbietung
convenir: passen

Dans une critique du journal «FAZ», l'auteur a appelé «Un secret» «une petite apologie de la psychanalyse». (Petit rire de PG.) Expliquez le rôle de la psychanalyse pour ce roman. Seriez-vous devenu romancier si vous n'aviez pas été psychanalyste?

On peut dire ça parce que quand on est psychanalyste ce n'est pas comme quand on est pharmacien ou vendeur dans un magasin. On ne lâche pas sa spécialité et une fois qu'on a terminé de travailler on pense en psychanalyste et forcément on écrit en psychanalyste, même si ce n'est pas un essai, – j'ai écrit des essais aussi, – mais là c'est pas du tout un essai, c'est un roman, mais n'empêche que le psychanalyste ne me lâche jamais tout à fait, il est toujours là avec moi et si vraiment il fallait que je parle du véritable sujet de ce livre, indépendamment du fait qu'il soit construit comme une poupée russe, c'est qu'il y a quand-même l'idée de montrer à quel point ce qui n'est pas dit peut tuer. Et en français vous pouvez faire le jeu de mots, «ce qui est tu, peut tuer», c'est-à-dire qu'il y a vraiment quelque chose dans certains silences, dans certains secrets de famille, de non-dits, dans certains drames familiaux, qui fait que quand les choses ne sont pas dites elles se répètent de génération en génération ou elles tombent deux générations après sur un enfant qui tout à coup porte le poids d'un secret qui n'a jamais été dit. C'est donc un des messages que je souhaitais transmettre dans ce livre et ce message évidemment est un message de psychanalyste.

lâcher: aufgeben, loslassen
la poupée russe: Matroschka, Babuschka, russische Puppe
tu: Partizip Perfekt von taire: verschweigen

L'invention du frère résulte d'une sorte de dédoublement de la personnalité – s'il vous plaît expliquez ce phénomène tenant compte de l'histoire de Philippe.

Oui, on pourrait dire une sorte de schizophrénie, un dédoublement de la personnalité. Oui, ce serait le cas si le narrateur était délirant, mais il n'est pas délirant, parce qu'il n'est jamais dupe du fait que ce frère, il l'invente. Ce qu'il ne sait pas c'est qu'il invente un frère qui a réellement existé! S'il était halluciné, s'il le voyait, alors ce serait schizophrénique ... mais dans le livre non, il invente un frère comme beaucoup d'enfants peuvent inventer un compagnon, un animal ou un super-héros qui les suit partout et ils en sont à la fois dupes et non dupes, ils y croient dur comme fer mais en même temps ils savent bien que c'est imaginé. L'enfant, celui-là en particulier, sait bien que c'est une création qui lui permet d'exister. Mais en effet, ce qui lui a échappé c'est que s'il l'a inventé c'est qu'il fallait qu'il fasse réexister celui qui avait réellement existé et qui était comme un fantôme au-dessus de lui.

Et la dernière question, qui est la plus difficile, «Un secret» sera à partir de l'année prochaine un sujet du bac en Allemagne. Cette décision a été critiquée pour des raisons suivantes: en Allemagne on parle souvent des années de la deuxième Guerre mondiale et des nazis. Il y a des élèves et des profs qui en ont marre et qui aimeraient parler d'autre chose.

le dédoublement de la personnalité: Persönlichkeitsspaltung
délirer: phantasieren, Unsinn reden
être dupe de qc: sich von etwas täuschen lassen
dur comme fer: ganz fest
en avoir marre (fam.): en avoir assez: etwas satt haben

Quelles pourraient être des raisons pour des élèves allemands de 16 ou 17 ans de lire et d'analyser «Un secret» de Philippe Grimbert?

Deux choses: D'abord je comprends qu'on puisse en avoir assez de voir les images, les dates, les chiffres et de remuer toujours cette culpabilité qui est quand-même comme un nuage qui plane au-dessus de l'histoire allemande. Cependant je trouve que les Allemands ont fait un travail incroyable autour de cette période et pour être allé à Berlin j'ai été stupéfait de voir l'immense mémorial aux victimes du nazisme: vous avez fait un travail absolument magnifique et je suis admiratif de ce travail. Mais je pense qu'on ne peut jamais refermer une question comme celle-là et c'est beaucoup plus dangereux de la refermer que de la laisser entrouverte. D'autre part je crois qu'il est intéressant maintenant, après l'avoir étudié d'une façon historique avec des chiffres et des images, de l'étudier d'une façon plus littéraire, c'est-à-dire d'imaginer comment certaines personnes ont pu traverser cette histoire, ce qui nous la rend plus proche. Donc, je pense que c'est un sujet relativement inépuisable. Et puis, la deuxième raison qui me pousserait à dire qu'il faut continuer à travailler là-dessus c'est que dans mon livre il n'y a aucune trace de haine – sauf pour les horreurs commises, bien sûr – aucune haine en-

remuer: immer wieder besprechen, »umrühren«
le mémorial: Mahnmal
refermer: abschließen
laisser qc entrouverte: etwas halb offen lassen
inépuisable: unerschöpflich
la trace: Spur

vers le peuple allemand. Et aucune colère contre les parents qui m'ont caché des choses pourtant essentielles. Ce livre est plutôt un livre d'amour et de réconciliation et dans ce sens je pense que c'est une bonne raison de le lire. La troisième raison – j'en voyais deux mais j'en vois une troisième maintenant! – c'est qu'il s'agit tout autant d'un livre sur les transmissions inconscientes et sur le poids du secret. On a beau à être dans la troisième ou la quatrième génération, croyez-moi, en Allemagne, tout comme en France, il y a toujours des secrets parce que cette histoire en a générés immensément. Alors de ce point de vue-là, indépendamment même de l'arrière-plan de la deuxième Guerre mondiale et du nazisme il y a avant tout dans ce livre la question de «qu'est-ce qui se passe en nous?», «comment notre histoire nous façonne?» et «comment les secrets peuvent-ils éventuellement nous détruire ou au contraire comment peuvent-ils nous rendre plus forts?», ce qui était pour moi une question aussi personnelle qu'universelle.

Pour terminer: vous avez un nouveau projet, une nouvelle œuvre?

Oui, un livre drôle, pour changer!

Merci beaucoup, Monsieur.

essentiel, le: entscheidend, wichtig
la réconciliation: Versöhnung
la transmission: Weitergabe
inconscient, e: unbewusst
générer qc: etwas hervorbringen
un arrière-plan: Hintergrund
façonner qc/qn: jdn./etwas prägen

7. Rezeption

Der Seiteneinsteiger

Philippe Grimbert ist schriftstellerischer Seiteneinsteiger – er wurde erst mit 56 Jahren als Schriftsteller bekannt. Eigentlich ist er Psychoanalytiker, und der Psychoanalyse gilt sein großes Interesse, sie ist sein Lebensthema auch in seinen Romanen.

Beim Erscheinen des Romans *Un secret* gab es in Frankreich 2004 viele Besprechungen von praktisch allen namhaften Zeitungen. »À lire absolument« (*TV Magazine*) ist der Tenor aller Besprechungen[11]. »Tout, ici – le style, le ton, la sensibilité – sonne juste. Tout, ici – la construction, le cheminement littéraire vers la vérité – force l'admiration« (*L'Express*). Das Geheimnisvolle wird bewahrt, die Leser und Leserinnen werden neugierig gemacht: »J'aimerais tant vous convaincre d'ouvrir ce livre. Mais je ne sais comment m'y prendre. Le raconter, c'est le déflorer. Le décortiquer, c'est l'abîmer. En faire l'éloge, c'est en dénaturer l'émotion« (*Le Nouvel Observateur*). Besonders interessant, vor allem im Hinblick auf die Bemerkungen des Autors zum Thema »Autobiographisches«, ist der Artikel aus dem Kulturmagazin *Lire* von M.-D. Lelièvre[12], weil hier einige autobiographische Details von Grimbert selbst angeführt werden.

Seiteneinsteiger: qn qui a brûlé toutes les étapes
(Buch-)Besprechung: le compte rendu
déflorer: (fig.) entjungfern
décortiquer: zerpflücken
abîmer: beschädigen

Seinen großen Durchbruch verdankt der Roman der Auszeichnung mit dem »Prix Goncourt des lycéens« 2004. Grimbert »bedankt« sich bei den französischen Schülern und Schülerinnen, indem er viele Veranstaltungen in französischen Gymnasien macht, bei denen er bereitwillig auf alle Fragen antwortet. 2005 dann wurde *Un secret* mit dem »Grand Prix des Lectrices de ELLE« ausgezeichnet, war in Frankreich schon Abiturthema und wird im Collège in der *Troisième* und im Lycée in der *Seconde* behandelt. Als 2006 die deutsche Übersetzung erschien, gab es auch in den deutschsprachigen Feuilletons Rezensionen aller namhaften Zeitungen, deren Titel die unterschiedlichen Akzentsetzungen zeigen.

Der »Prix Goncourt des lycéens«

»Die verstrickten Athleten«, so titelt zum Beispiel das Feuilleton der *Frankfurter Allgemeinen* vom 4. August 2006[13], die *Neue Zürcher Zeitung* vom 21. März 2006 »Tragödien, die das Leben schrieb«, ein Artikel, der auch Irène Némirovskys *Suite française* rezensiert[14]; »Dieses Buch würde sein Grab sein« ist der Titel der Besprechung von T. Krause in der *Welt* vom 25. März 2006[15]. Eine sehr differenzierte Besprechung gibt es vom Rezensenten der *Süddeutschen Zeitung*, Dieter Wunderlich, mit dem Fazit, dass es sich bei *Un secret* um eine »literarische Perle« handle[16].

Die verstrickten Athleten

2007 hat Claude Miller *Un secret* mit Cécile de France als Tania, Patrick Bruel als Maxime, Ludivine Sagnier als Hannah und Julie Depardieu als Louise verfilmt. Der Film war sowohl in Frankreich als auch in Deutschland ein großer Erfolg[17]. Grimberts Roman erinnert bereits beim Lesen

Verfilmung

sehr stark an ein Drehbuch – wegen der Rückblenden und Zeitsprünge, den beiden Versionen ein und derselben Geschichte wird man an filmische Montagetechnik erinnert. In einem Interview mit der *Berliner Zeitung*, »Auch in Auschwitz sangen Vögel« von Gerhard Midding vom 17. Dezember 2008[18], sagt Philippe Grimbert, dass er zwar beim Schreiben keine Verfilmung im Sinn hatte, sich diese aber sehr gut vorstellen konnte, als Claude Miller die Idee hatte, den Film zu drehen. Claude Miller seinerseits sagt, dass er bei der Lektüre des Romans 2004 sofort daran gedacht habe, ihn zu verfilmen (s. Interview in der *Berliner Zeitung*). Die Tatsache, dass Miller den Autor immer wieder zu Rate gezogen hat, ihm sogar eine Nebenrolle (die des Schleusers) gegeben hat, zeigt, dass man durchaus davon ausgehen kann, dass Grimbert mit der Verfilmung einverstanden war, dass sie in seinem Sinne war[19]. Mit den filmischen Mitteln überträgt Miller Grimberts Werk sehr gut und stimmig. Natürlich ist es ein eigenes Kunstwerk, und der Regisseur gestaltet nicht nur, sondern setzt auch seine

Drehbuch: le scénario
Rückblende: le flash-back, le flash en arrière
Montage: le montage
einen Film drehen: tourner un film
jdn. zu Rate ziehen: demander conseil à qn
Nebenrolle: rôle secondaire
filmisches Mittel: le moyen filmique
übertragen: transmettre
Kunstwerk: une œuvre d'art
gestalten: concevoir
umsetzen: réaliser

eigenen Ideen um. Durch die Wahl der Schauspieler werden ebenfalls eigene Akzente gesetzt. Cécile de France in der Rolle der Tania ist zwar genauso athletisch und schön wie in Grimberts Beschreibung, sie ist aber nicht schwarz- und langhaarig (»une cascade de cheveux noirs«, 86,20), sondern blond und kurzhaarig. Sie entspricht eher dem klassischen Bild einer »Arierin« als dem einer Jüdin[20]. Dies entsprach durchaus auch Grimberts Absicht. Aber er ließ Miller freie Hand, vor allem, weil es für Grimbert eine seltsame Vorstellung war, die eigenen Eltern von berühmten Schauspielern darstellen zu lassen – ist es doch für jeden schwierig, sich die Eltern als junge und vor allem sexuelle Wesen vorzustellen. Hier geht die von Grimbert bereits angelegte Fiktion noch weiter, eine Fiktion, die zum Teil biographisch ist, die jedoch allen Beteiligten (auch den Schauspielern) große Gestaltungsmöglichkeiten lässt. So ist auch Julie Depardieu als Louise nicht die 60jährige vom Leben gezeichnete Frau mit Klumpfuß wie im Roman. Im folgenden sollen nur die auffälligsten Vergleichspunkte genannt werden[21]:

Zunächst einmal heißt der Protagonist im Film François, was den autobiographischen Aspekt ein wenig mildert. Die Schlüsselszene der Verhaftung Hannahs ist im Film zum einen wohl historisch wahrscheinlicher, zum anderen betont sie einen wichtigen Aspekt der Verarbeitung der Kollaboration in Frankreich: Im Roman wird Hannah von deut-

Wahl: le choix
Schauspieler(in): un acteur / une actrice
mildern: réduire
Verarbeitung: la prise en compte

schen Gestapo-Offizieren verhaftet, im Film von französischen Gendarmen, die den Wirt der Gastwirtschaft kennen, in der sie den Schleuser treffen. Hier wird die unangenehme Wahrheit betont, die in Frankreich lange totgeschwiegen wurde, nämlich die, dass viele ihre Landsleute an die Besatzer verrieten, dass die Kollaboration auch im nachbarschaftlichen Bereich funktionierte und dass die Franzosen nicht nur ohnmächtig gegen die mächtigen deutschen Besatzer waren, sondern selbst aktiv Juden verrieten und so ins Konzentrationslager brachten. Wie bei allen Romanverfilmungen ist es natürlich eine Herausforderung, die inneren Monologe durch Bilder und Dialoge zu ersetzen. Damit entfernt sich Miller von der Vorlage, muss eigene Akzente setzen. Der Blick in den Spiegel beispielsweise, mit dem der Film beginnt, bringt sehr gut zum Ausdruck, dass es für den Protagonisten um seine eigene Geschichte, seine eigene Identität geht. Noch bevor der erste Satz des Romans fällt, sieht man den imaginierten Bruder als Schatten auf dem Trampolin. Die Bilder betonen mehr den bedrohlichen Aspekt, der für den Protagonisten von

Landsleute: les compatriotes (m. pl.)
ohnmächtig: impuissant, e
Romanverfilmung: une adaptation cinématographique (d'un roman)
Herausforderung: le défi
innerer Monolog: le monologue intérieur
ersetzen: remplacer
sich entfernen: se distancier, s'éloigner
Vorlage: le modèle
Schatten: une ombre
Trampolin: le tremplin

ihm ausgeht, Szenen von schrecklichen Alpträumen werden gezeigt und der Bruder nimmt im wahrsten Sinne des Wortes konkrete Gestalt an. Gestalt nimmt er auch in einer Szene an, in der die beiden Eltern mit François am Tisch sitzen und François für seinen Bruder ein Gedeck aufgelegt hat. Im Prinzip übernimmt der Film die Struktur der Erzählung des Romans, in der Erinnerung und vom Erzähler rekonstruierte und imaginierte Episoden sich abwechseln. Miller fügt allerdings etwas hinzu: Alles findet im Film an einem Tag statt, am Tag von Echos Tod, also mit einem erwachsenen François und Maxime und Tania als älterem Ehepaar. Interessanterweise sind diese Episoden, die dem Film die Struktur geben, in Schwarzweiß gefilmt. Die Vergangenheitspassagen, zum Beispiel im Schwimmbad oder in Saint-Gaultier, sind im Gegensatz zur gängigen filmischen Praxis in Farbe. Die Idylle des ländlichen Fluchtortes wird unterstrichen durch sattes Grün und Sonnenlicht über dem Fluss und dem Wald – auch hier ein Gegensatz, der das Schreckliche, was geschehen ist, noch grausamer erscheinen lässt. Nicht Sturm, Wind oder Gewitter, graue und dunkle Farben – laut Grimbert wäre dies zu viel des Guten[22] –, sondern schönstes Sommerwetter wird in den Filmepisoden gezeigt. Auch hiermit entfernt sich der Film von der üblichen Bildsprache. Im Film gibt es eine Off-Stimme, die es ermöglicht, die beiden François (als Kind und als Erwachsener) miteinander zu verbinden.

Alptraum: le cauchemar
Gedeck: le couvert
Off-Stimme: la voix off
miteinander verbinden: joindre

Dies gelingt Miller auch mit Hilfe eines kleinen Hautflecks auf der Stirn des Kindes und des Erwachsenen.

Dank der Möglichkeiten, die dem Film zur Verfügung stehen, gelingt es hier, zum einen den historischen Kontext sehr präsent erscheinen zu lassen (z. B. durch Archivaufnahmen, Zeitungsberichte etc.), zum anderen die große Bedeutung, die die Körper im Roman haben, auf vielfältige Weise zu unterstreichen. Dies ermöglicht zum Beispiel auch die Inszenierung der bedeutungsvollen Blicke, die zwischen Tania und Maxime gewechselt werden. Im Film wird konsequent die Perspektive François' herausgestellt: Zwei entscheidende Momente seines Lebens spielen sich in der Alsacienne, dem Schwimmbad, in dem die Familie oft die Wochenenden verbringt, ab. Zwei Momente, die sich in der Erinnerung wiederholen und die im Film aus François' Perspektive gezeigt werden: Als Kind sieht er seine Mutter hoch oben auf dem Sprungturm und seinen Vater, der enttäuscht ist, als er nach Hause gehen will. Sieben Jahre später hat sich nichts Grundsätzliches geändert: François nimmt nicht wirklich teil am sportlichen Treiben seiner Eltern. Er beobachtet. Miller betont, dass er von dieser Kindersicht ausging: Die Schuld der Eltern, für die das Kind nichts kann, überträgt sich auf François: »Je suis parti du fait objectif qu'un enfant doit sans cesse interpréter des signes parce qu'on ne lui dit jamais tout … j'ai construit des

Hautfleck: la tache, une ecchymose
historischer Kontext: le contexte historique
unterstreichen: souligner, accentuer
bedeutungsvoll: significatif, -ive
Blicke wechseln: échanger des regards

scènes où l'enfant devait décrypter les attitudes de ses parents, leurs non-dits, leurs regards.«[23] In der Schlüsselszene der Verhaftung interpretiert der Film Hannahs Akt als eindeutig gewollt, ja geplant. Bis zu dem Satz »c'est mon fils« (125,29) lässt Grimbert dies offen. Hannah zeigt zunächst automatisch die falschen Papiere, zieht sie dann zurück und präsentiert dem Gendarm diejenigen, die ihr Verderben besiegeln. Das letzte Wort des Romans ist »tombe«, der Film endet mit den Bildern von einer Gedenkstätte für die ermordeten Juden; das Ganze ist unterlegt mit einer Kinderstimme, die zunächst die Namen auf den Grabsteinen des Hundefriedhofs liest und dann übergeht in die Namen der ermordeten Juden. Das zentrale Motiv sowohl des Romans als auch des Films ist also das Bedürfnis, den Toten einen Namen, einen Grabstein, eine Gedenkstätte zu geben. In seinem Heidelberger Interview (s. S. 70) weist Grimbert auf die doppelte Bedeutung des Wortes »tombeau« im Französischen hin.

Gedenkstätte: le mémorial
sowohl … als auch: et … et
Bedürfnis: le besoin

8. Dossier pédagogique

Dans ce dossier vous trouverez quelques suggestions pratiques qui vous aideront à bien comprendre et analyser le roman *Un secret* de Philippe Grimbert. Les exercices proposés sont une bonne préparation à une épreuve écrite ou orale. Choisissez-en quelques-uns et préparez-les à la maison. Demandez ensuite à votre professeur de français pour qu'il en fasse la correction.

Philippe

- Expliquez la première phrase du roman: «Fils unique, j'ai longtemps eu un frère.»
- Pourquoi est-ce que Philippe s'invente un frère?
- De quel moment parle-t-il quand il dit: «Un jour enfin je n'ai plus été seul» (9,1)?
- Décrivez le développement de la relation entre Philippe et son frère inventé.
- Quelle est la constitution physique de Philippe et pourquoi n'arrive-t-il pas à attirer l'admiration de son père?
- Pourquoi y a-t-il un changement du patronyme de Philippe (*Grimbert* au lieu de *Grinberg*)?
- Décrivez la relation entre Philippe (enfant) et ses parents Maxime et Tania.
- Décrivez le développement de la relation entre Philippe et ses parents pendant l'adolescence et l'âge adulte.
- Caractérisez la relation entre Philippe et Louise.

Maxime

- Faites le portrait physique et moral de Maxime.
- Décrivez l'attitude de Maxime vis-à-vis son statut de juif.

- Quel rôle est-ce que le sport joue dans la vie de Maxime?
- Pourquoi est-ce que Maxime épouse Hannah?
- Quels sentiments est-ce que Maxime a pour son fils Simon?
- Quels sentiments est-ce que Maxime a pour son fils Philippe?
- Décrivez la relation entre Maxime et son père.
- Qu'est-ce que Maxime pense des mesures contre les juifs au commencement du régime nazi?
- Pourquoi est-ce que Maxime pleure autant lors de la mort de son chien Echo?

Tania

- Faites le portrait physique et moral de Tania.
- Quel rôle est-ce que le sport joue dans sa vie?
- Quel rôle la famille de son mari Robert (et de Hannah) joue-t-elle pour Tania?
- Quelle est sa relation avec Simon?
- Quelle est sa relation avec Philippe?

Hannah

- Faites le portrait physique et moral de Hannah.
- Quel rôle son mari Maxime joue-t-il pour Hannah?
- Qu'est-ce que sa famille signifie pour elle?
- Quelle est sa relation avec son fils Simon?
- Quelle est sa relation avec Tania?
- Pourquoi est-ce que Hannah laisse tomber la lettre de Maxime qui arrive de Saint-Gaultier?
- Pourquoi Hannah montre-t-elle son passeport juif aux officiers?
- Pourquoi Hannah trahit-elle son fils?

Simon

- Nommez les informations sur Simon. Qu'apprend-on sur son physique et son caractère?

Louise

- Faites le portrait physique et moral de Louise.
- Quel rôle est-ce qu'elle joue dans la famille de Maxime et de Hannah et dans celle de Maxime et Tania?
- Quelle est la relation entre Louise et Philippe?

La structure du roman

- Comparez la structure du roman à celle d'une tragédie.
- Qu'est-ce qu'on entend par «autofiction» et de quelle perspective est-ce que ce roman est écrit?

Interprétation

- Expliquez le **titre** du roman, surtout le choix de l'article indéfini.
- Sim et Echo jouent un rôle important. Nommez les éléments-clés et commentez le **motif du chien** dans le roman.
- Expliquez la phrase «Tout découle du **désir**» en vous référant à l'amour entre Maxime et Tania.
- Interprétez le motif du **regard** dans ce roman.
- Relevez les références à des faits historiques dans le roman.
- Qui était **Médée** dans la mythologie grecque et pourquoi peut-on désigner Hannah comme «Médée moderne»?
- On pourrait appeler la bagarre au collège entre Phi-

lippe et un autre élève «**un acte initiatique**». Qu'est-ce que cette bagarre déclenche pour Philippe?

- Pourquoi est-ce que Louise décide au moment où Philippe lui raconte de cette bagarre au collège de **rompre le silence** concernant le secret de la famille?
- Parlez de l'aspect de la **culpabilité** dans ce roman. Qui est-ce qui est coupable de quoi?
- Le narrateur parle de ses «parents coupables» (149, 2). Quel est son comportement vis-à-vis de cette culpabilité?
- Renseignez-vous sur le travail de Serge et Beate **Klarsfeld** et leurs listes qui donnent une identité aux victimes des camps de concentration. Quel est le rapport du narrateur avec les listes des Klarsfeld?
- Décrivez l'importance de la **psychanalyse** pour le développement du narrateur.
- *Un secret* est une «**autofiction**» – que veut dire cela? Expliquez la différence entre «autobiographie» et «autofiction». Dans ce contexte expliquez le rôle de l'auteur et celui du narrateur.
- Relisez **l'épilogue** et expliquez pourquoi un cimetière pour les chiens, créé par la fille de Laval, a déclenché dans l'auteur le besoin d'écrire ce roman.
- Expliquez la dernière phrase du roman: «Ce livre serait sa tombe.»

L'interview avec l'auteur

Relisez l'interview avec Philippe Grimbert et répondez aux questions suivantes:

- En quoi la deuxième génération des enfants de l'holocauste, à laquelle appartient l'auteur, se distingue-t-elle de la première génération?

- En quoi dans *Un secret* Grimbert transmet-il une nouvelle image de la victime juive au lecteur?
- D'après l'auteur, dans cette création littéraire du sujet, quels sont les effets physiques et psychiques de la culpabilité des parents sur le corps même de leur enfant?
- Dans le film *Un secret* le protagoniste s'appelle François, dans le roman Philippe. Pourquoi est-ce que l'auteur ne voulait pas qu'on l'appelle Philippe comme dans le roman?
- Énumérez les raisons pour lesquelles l'auteur a écrit le roman.
- Comment Philippe Grimbert explique-t-il lui-même la dernière phrase de son roman?
- Quel est d'après lui le rôle de la psychanalyse pour le roman?
- Comment Grimbert explique-t-il l'invention du frère?
- Nommez les raisons pour lesquelles les élèves allemands qui lisent le roman pour le bac pourraient s'intéresser au roman de Grimbert d'après l'auteur.

9. Lektüretipps/Medienempfehlungen

Textausgaben und Übersetzung

Grimbert, Philippe: Un secret. Paris: Grasset & Fasquelle, 2004.

– Un secret. Stuttgart: Reclam, 2007. – *Nach dieser Ausgabe wird zitiert.*

– Ein Geheimnis. Aus dem Französischen von Holger Fock und Sabine Müller. Frankfurt: Suhrkamp, 2006.

Verfilmung

Un secret. Von Claude Miller. Paris: UGC, 2007.

Sekundärliteratur

Albert, Bettina: Die Seele fühlt von Anfang an. München 2005.

Elias, Ruth: Die Hoffnung erhielt mich am Leben. München [10]2006.

Jordan, S. / Wendt, G.: Lexikon Psychologie. Hundert Grundbegriffe. Stuttgart 2005. (Darin: Gast, Ursula: Dissoziative Identitätsstörung, S. 80–83, und Rösch, Stefanie: Trauma, S. 326–328.)

Sautter, Christiane: Wenn die Seele verletzt ist. Trauma – Ursachen und Auswirkungen. Wolfegg 2005.

Interpretationen

Brunet, Olivier: Un secret. Dossier pédagogique. Paris 2007.
Saathoff, Olaf: Philippe Grimbert: »Un secret« – Tragédie d'une famille juive sous l'Occupation. Raabits Französisch 4 (Dezember 2008). S. 1–26.
Hütten, M. / Stenz, M.: Un secret. Filme im Französischunterricht der Sekundarstufe II. Prise1! Berlin 2011. [Filmanalyse.]

Rezensionen und Interview

Bender, Niklas: Die verstrickten Athleten. Frankfurter Allgemeine Zeitung, 4. August 2006. http://www.faz.net/aktuell/feuilleton/buecher/rezensionen/belletristik/die-verstrickten-athleten-1359018.html
Krause, Tilman: Dieses Buch würde sein Grab sein. Die Welt, 25. März 2006. http://www.welt.de/print-welt/article206214/Dieses-Buch-wuerde-sein-Grab-sein.html
Lelièvre, Marie-Dominique: Le frère du fils unique. L'Express, 1. Dezember 2004. http://www.lexpress.fr/culture/livre/le-frere-du-fils-unique_809640.html?xtmc=Interview_avec_Grimbert&xtcr=12
Midding, Gerhard: Auch in Auschwitz sangen Vögel. Interview mit François Lelord über den Film »Ein Geheimnis«. Berliner Zeitung, 17. Dezember 2008, Ausg. 296, S. 23.
Villiger Heilig, B.: Tragödien, die das Leben schrieb. Neue Zürcher Zeitung, 21. März 2006.

http://www.nzz.ch/aktuell/startseite/articled-n8fv-1.19979
Wunderlich, Dieter: Philippe Grimbert: Ein Geheimnis. Rezension, 2006.
http://www.dieterwunderlich.de/Grimbert_geheimnis.htm

(Letzter Zugriff: 27. Januar 2014)

Anmerkungen

1 Siehe Nachwort *Un secret*, S. 177 ff.
2 Sinngemäß zit. aus: Aristoteles, *Poetik*, Stuttgart: Reclam, 1982 (UB-Nr. 7828): »Die beste unter allen Wiederkennungen ist diejenige, die sich aus den Geschehnissen selbst ergibt, indem die Überraschung aus Wahrscheinlichem hervorgeht« (S. 53).
3 Olivier Brunet, *Un secret. Dossier pédagogique*, Paris: Librairie Générale Française, 2007, S. 22.
4 Ebd.
5 Ebd., S. 23
6 Ebd., S. 31.
7 Ebd., S. 55.
8 Die Informationen hat Grimbert in einem Interview mit der Literaturzeitschrift *Lire* am 1. 12. 2004 gegeben (*http://www.lexpress.fr/culture/livre/le-frere-du-fils-unique_809640.html?xtmc=Interview_avec_Grimbert&xtcr=12*).
9 Zit. nach: Brunet (siehe Anm. 3), S. 10.
10 Im Film lautet der Name des Protagonisten François. Das Zitat bezieht sich auf eine berühmte Äußerung Flauberts, der über seine Protagonistin sagte: »Madame Bovary, c'est moi.«
11 Eine Zusammenfassung der Pressestimmen kann unter folgendem Internetlink abgerufen werden: *http://www.evene.fr/livres/livre/philippe-grimbert-un-secret-11578.php?critiques#critique-presse.*
12 Lelièvre 2004.
13 Bender 2006.
14 Villiger Heilig 2006.
15 Krause 2006.
16 Wunderlich 2006.
17 Zum Thema Romanverfilmung ist das Kapitel »L'adaptation cinématographiqe« in Brunet (siehe Anm. 3, S. 15–18) zu empfehlen.
18 Midding 2008, S. 23.

19 Siehe zu diesem Thema v. a. auch das Interview mit Claude Miller vom 28. 5. 2007 in Brunet (siehe Anm. 3), S. 41–49.
20 Brunet (siehe Anm. 3), S. 39.
21 Für einen ausführlicheren Vergleich zwischen der Abfolge der Szenen im Film und im Roman verweise ich auf die Inhaltsangabe (S. 11) und den »séquencier« in: Hütten/Stenz 2011, S. 7–9.
22 Vgl. Midding 2008.
23 Brunet (siehe Anm. 3), S. 45.

Raum für Notizen